财经法治

中国农村法治论坛　第7卷

乡村振兴
法治保障研究

主编／卢代富

法律出版社 | LAW PRESS

前　言

为繁荣农村经济法治研究,寻求化解“三农”问题的法律对策,服务乡村振兴等重大战略,西南政法大学中国农村经济法制创新研究中心、经济法学科点、经济法学院从2009年起决定每年举办“中国农村法治论坛”系列会议。从每次会议中遴选优秀投稿论文集辑出版。

2018年12月22日,由西南政法大学经济法学院、经济法学科、中国农村经济法制创新研究中心举办的“第十届中国农村法治论坛”在重庆举行。论坛的主题为“乡村振兴法治保障研究”,共征集到学术论文102篇。来自浙江大学、华东政法大学、广东外语外贸大学、贵州省社会科学院、河北大学、西南政法大学、华中科技大学、华南农业大学、重庆大学、西南大学、贵州民族大学、深圳大学、河北农业大学、浙江农林大学、沈阳师范大学、山西长治学院等近20家高校及实务部门的70余名专家学者参加了此次论坛。

本书收录了本次会议的部分优秀论文。

西南政法大学

中国农村经济法制创新研究中心

2020年3月

前言

目　录

会议综述

乡村振兴立法研究

中国减贫法治建设

农村主体制度建设

农村产权制度改革

会 议 综 述

全面实施乡村振兴战略的法治保障

——第十届中国农村法治论坛会议综述

何俊玲*

目　次

为积极响应党中央、国务院关于“三农”问题的重大决策部署，促进乡村振兴战略的法治化运行，第十届中国农村法治论坛暨乡村振兴法治保障研讨会于2018年12月22日在重庆隆重举行。本次论坛由西南政法大学经济法学院、经济法学科和中国农村经济法制创新研究中心共同主办，来自浙江大学、华东政法大学、西南政法大学、广州外语外贸大学、贵州省社会科学院、华中科技大学、华南农业大学、重庆大学、西南大学、贵州民族大学、深圳大学等全国20余家单位的70余名专家学者出席了本次论坛，同时论坛还收到论文102篇。现将参会论文及会议研讨的主要内容综述如下，以飨读者。

---

* 西南政法大学经济法学专业硕士研究生。

一、全面实施乡村振兴战略的背景及法学阐释

(一)全面实施乡村振兴战略的背景

社会主义的本质要求在于解放生产力,发展生产力,消灭剥削,消除两极分化,最终达到共同富裕。我国在社会主义现代化建设进程中除面临城乡发展失衡的困境外,农村内部发展失衡问题也不容忽视。在此背景下,党的十九大报告明确提出要实施乡村振兴战略。商文江指出,实施乡村振兴战略是新时代解决“三农”问题的总抓手,时代性与挑战性并存。当前我国社会主要矛盾已经转化为人民日益增长的美好生活需要和不平衡不充分发展之间的矛盾。农村居民是人民的重要组成部分,只有通过乡村振兴实现农业农村现代化,才能更好地满足人民日益增长的美好生活需要,化解我国社会发展进程中面临的主要矛盾。回望改革开放40年,黄胜忠以农民为出发点进行研究发现,农民存在资源禀赋上的差异,群体内部已经产生一定程度的利益分化。传统农民主要从事小农生产,但如今已出现离乡农民、新型农民、外援返乡农民等新的类型。城乡以及乡村内部发展失衡问题已经危及我国经济社会的整体稳定发展,亟待解决。

(二)全面实施乡村振兴战略的法学阐释

在乡村振兴战略的规定与要求的阐释方面,商文江指出,实施乡村振兴战略必然需要法治保障,要把行之有效的乡村振兴政策及时上升为法律,充分发挥立法在乡村振兴中的保障、引导和推动作用。因而,实施乡村振兴战略既要顶天又要立地,要在中央的统一部署与相关方针政策的指引下,从中央框架设计和各地乡村发展实际情况出发,以此促进乡村振兴法律规范的制定工作。王一夫等借鉴基本政策工具理论,通过对我国政府所颁布的有代表性的乡村振兴政策文本进行定量研究,形成了我国乡村振兴政策文本分析的二维框架。在X维度,我国乡村振兴基本政策工具可分为供给型、需求型、环境型三类;在Y维度,我国乡村振兴基本政策工具可分为产业兴旺、生态宜居、乡风文明、治理有效、生活富裕五类。其中供给型政策工具又可以细分为基础设施、资金投入、科技信息、人才培养四类;需求型政策工具又可以细分为法制管制、目标规划、策略性措施和金融支持四类;需求型政策工具又可以细分为政府采购、贸易管制两类。[1]

---

〔1〕 参见王一夫、汪诗屿等:《政策工具视角下的我国乡村振兴政策的分析》,载《第十届中国农村法治论坛论文集》(会议交流用),2018年12月22日。

关于如何从法学角度剖析乡村振兴战略，宋宗宇指出，党中央明确提出实施乡村振兴战略必须处理好长期目标和短期目标、顶层设计和基层探索、充分发挥市场决定性作用和更好发挥政府作用、增强群众获得感和适应发展阶段这四大关系，做好精准扶贫战略与乡村振兴战略的有效衔接等工作。实施乡村振兴战略需要运用法治思维不断丰富和完善乡村振兴相关制度建设和规则体系，运用法律权威有效回应和化解乡村振兴战略实施中面临的新情况和新问题，实现农业农村现代化。曾文革指出，乡村振兴涉及经济法、民法甚至宪法问题。民法学者偏向于从微观层面进行概念剖析，而经济法学者更偏向于从宏观层面进行政策解读与制度架构，因此，民法学者与经济法学者的对话十分必要，二者能够互相补充、互相启发。

此外，治理有效是乡村振兴的基础。吴大华指出，可以从理性选择层面对乡村治理进行研究。但乡村治理中的“理性选择”不是纯粹的经济理性与个体理性，而是建立在特定的社会结构、社会文化、社会习俗之中，包含着行动者自身感情、意志等在内的宽泛意义上的理性。随着时代的变迁，“人情味”等“非理性”因素在村治中也应得到重视。析言之，乡村振兴是一项系统性工程，乡村治理秩序建构需要法治但不仅依赖于法治，应注重发挥乡土资源的作用，将法治道路与传统模式有机结合，形成多元共治局面。[1]

二、全面实施乡村振兴战略的实践做法

（一）规范层面建设

农业农村农民问题是关系国计民生的根本性问题。党的十九大报告明确提出实施乡村振兴战略，并按照产业兴旺、生态宜居、乡风文明、治理有效、生活富裕的总要求，建立健全城乡融合发展体制机制和政策体系，加快推进农业农村现代化。2018 年年初，《中共中央、国务院关于实施乡村振兴战略的意见》对乡村振兴战略作了顶层设计，并明确提出“抓紧研究制定乡村振兴法的有关工作，把行之有效的乡村振兴政策法定化”。2018 年 7 月，由国家发改委牵头起草的《乡村振兴战略规划（2018—2022 年）》发布，强调要把实施乡村振兴战略摆在优先位置。

---

〔1〕 参见吴大华、尹训洋：《乡村治理中的“理性选择”》，载《第十届中国农村法治论坛论文集》（会议交流用），2018 年 12 月 22 日。

在全国性立法层面，乡村振兴立法也已经被提上日程。杨青贵指出，2018年9月公布的《十三届全国人大常委会立法规划》明确将“乡村振兴促进法”作为第二类立法项目，由全国人大农委作为牵头起草单位，抓紧起草工作，条件成熟时提请审议。在地方性立法层面，乡村振兴立法同样受到高度重视。马永双、陈有南等通过研究发现，《山西省十三届人大常委会立法规划（2018—2022年）》将《山西省乡村振兴促进条例》列入立法项目，其他地方也已经或即将把乡村振兴法纳入立法规划或立法项目中。乡村振兴立法是贯彻落实党的十九大提出的乡村振兴战略的重要路径或手段，是乡村振兴政策法治化的过程与成果。[1]

（二）精准扶贫实践

乡村振兴，摆脱贫困是前提。孟庆瑜指出，目前我国已有近20个省级行政区制定了扶贫开发条例，依法推进易地扶贫搬迁工作。各地在易地扶贫搬迁组织管理、项目建设、搬迁安置、资金管理、部门协作等方面都形成了较为规范、可操作性强的工作规程和管理制度。如湖南省政府建立易地扶贫搬迁联席会议制度，明确了责任单位和管理体制，合力攻坚推动易地扶贫搬迁工作的组织实施；贵州省黔西南州探索出“四方五共”工作法，汇集政府、企业、社会等多元化力量；河南省创造性地建立了“宅基地复垦券制度”，通过宅基地复垦券交易为河南省易地扶贫搬迁工作提供了资金支持。[2]

资产收益扶贫是实现“造血式”扶贫的重大探索。杨青贵指出，截至2016年，中央财政在原有浙江省、宁夏回族自治区2个试点省份的基础上，新增河北省、辽宁省、江苏省、安徽省、江西省、山东省、河南省、广东省、广西壮族自治区、贵州省、云南省11个省份开展资产收益扶贫试点探索。至2019年7月，全国绝大多数的省、自治区、直辖市都直接或者以农村“三变”、农村集体产权制度改革为契机进行了相关扶贫实践。据不完整统计，我国除台湾省和香港特别行政区、澳门特别行政区外，22个省、5个自治区、1个直辖市（重庆市）近年来均开展了资产收益扶贫探索。其中，重庆市石柱县石家乡、云南省罗平县阿岗镇等5个地方的实践探索，还入选财政部向各地推荐的资产收

---

〔1〕 参见马永双、陈有南等：《乡村振兴地方立法：定位、协调与框架》，载《第十届中国农村法治论坛论文集》（会议交流用），2018年12月22日。

〔2〕 参见孟庆瑜、张思茵：《易地扶贫搬迁法律问题研究》，载《第十届中国农村法治论坛论文集》（会议交流用），2018年12月22日。

益扶贫典型案例。[1]

定点扶贫是当前我国脱贫攻坚时期广泛运用的扶贫模式之一。赵鑫指出，安徽省提出的“单位包村、干部包户”定点帮扶制度是在总结各省定点扶贫经验并结合本省特点的基础上进行的创新。其旨在对每个建档立卡的贫困村确立一个帮扶单位，对每个建档立卡的贫困户确立一个帮扶责任人，广泛调动社会各方力量，发展贫困村和贫困人口的内生动力，加快脱贫致富步伐。安徽省阜阳市下辖的颍东区按照该模式，通过建立农业园区基地、创办合作组织、增加就业培训，突破了自身的发展“瓶颈”。[2]

（三）产权制度改革实践

土地是农民集体最重要的资源性资产，实行土地股份合作制改革是解决农民小规模分散经营、促进农民增收的一项有效措施。王权典指出，土地股份合作的创新意义在于，将股份合作制引入农地经营体制而创新产权结构和运行机制。早期探索包括广东省南海区、江苏省吴中区、浙江省温岭市等地，其基本做法是：以原村社集体组织为依托；土地折股；合理设置股权；产权界定；明确分配方式；设立治理结构。后来各地又根据自身实际情况进行了创新，如广东省肇庆市通过建立公有制框架下“集体入股国有”混合所有制形态，使村集体能够以股权形式享有土地开发增值收益；湖南省浏阳市则是将资源性资产全部打包入股。在现行农村经营体制条件下，农民集体与外部土地经济关系主要体现在工业化、城镇化对建设用地的需求上，而土地股份合作可规避征地中的政府管制，从而使农民参与工业化、城镇化的机会成本降低。[3]

段浩指出，自党的十八届三中全会确立农村集体经营性资产经营管理体制改革思路以来，股份合作制改革主要在城中村、城郊村和经济发达村展开。其主要程序和基本做法为：成立改革领导小组、加强政策宣传、重视发动群众和分类指导、完善治理机制、加强规范管理等，重点是做好清产核资、成员界定、折股量化、发放股权证和资产运

---

〔1〕 参见杨青贵：《精准扶贫背景下资产收益扶贫的现实表达与制度回应》，载《西北农林科技大学学报》2018年第2期。

〔2〕 参见赵鑫：《定点扶贫“单位包村、干部包户”机制：运行成效、原因及完善》，载《第十届中国农村法治论坛论文集》（会议交流用），2018年12月22日。

〔3〕 参见王权典：《土地股份合作的法治思考与实践规制探讨——以广东南海改革为例》，载《第十届中国农村法治论坛论文集》（会议交流用），2018年12月22日。

营管理等工作。[1]

管洪彦、孔祥智认为，由于各地资源禀赋和具体情形的不同，农村土地“三权分置”具有极强的制度张力，应当允许各地结合自身情况循序渐进推进“三权分置”改革。相关实践如：贵州省安顺市的“三权”促“三变”，即通过对土地承包经营权、林权等的农村各类产权进行确权、赋权、易权，促进资源变资产、资金变股金、农民变股东，让农村各类产权进入市场交易，使其在流动中增值，充分释放农村各类财产的财产权属性；四川崇州通过积极培育土地股份合作社、农业职业经理人和专业化服务组织三大主体，初步创建了土地股份合作社＋农业职业经理人＋农业综合服务组织“三位一体”的新型农业经营体系，形成多主体、多层次的农业共营制；湖南省长沙市鹊山村以“三权分置”为前提，通过对土地经营权关系的重构，实现了农村土地的统一整合、开发、经营，探索出了“土地合作经营模式”，又称为“鹊山模式”。[2]

集体股是集体所有制与股权制度相结合的产物，形成于集体经济发展进程中，是理论创新和制度实践的结果。郭跃昕认为，是否设置集体股取决于集体经济组织的经济能力，以及其为成员提供公共服务的不可替代性。北京市基本上都保留了设置集体股的做法，比例上一般不高于30%，但个别村也会达到40%。上海市规定，可设置一定比例的集体股，主要用于村公益事业开支，集体股占总股本的比例由村集体经济组织成员大会讨论决定，但对撤制村原则上不设立集体股。广东省东莞市区别不同地区的经济发展水平，有的地区只设集体股，有的地区只设个人股。而浙江省、重庆市的农村从改制初始便未设置集体股。[3]

（四）主体制度建设实践

王权典指出，在近年来的土地股份合作制改革实践中，广东省南海区等地普遍存在以村社为单位所建立的“土地股份合作社”，截至2011年年底，南海区农村股份合作经济社已经达到1839个。在“三权分置”的改革语境下，土地股份合作社是通过集体

---

〔1〕参见段浩：《农村集体经营性资产股份制改革的理论逻辑与法治路径》，载《第十届中国农村法治论坛论文集》（会议交流用），2018年12月22日。

〔2〕参见管洪彦、孔祥智：《农地“三权分置”典型模式的改革启示与未来展望》，载《第十届中国农村法治论坛论文集》（会议交流用），2018年12月22日。

〔3〕参见郭跃昕：《农村“三变”改革中集体股的实践探索与制度回应》，载《第十届中国农村法治论坛论文集》（会议交流用），2018年12月22日。

股与个体股的设置来体现产权主体对收益的分配权。就实践形态而言，土地股份合作社存在两种基本形式：一是由农民单纯以土地入股的“内股外租”型；二是将承包地与其他集体资产统一入股或折股量化的“作价入股”型。在上述两类形式中，土地股份合作的收益来源主要是经营性收益和政策性收益。经营性收益包括土地规模化种植以及加工、销售等经营环节的增量收益。政策性收益主要是地方财政对土地流转安排的项目补助或以奖代补的资金支持。[1]

关于农村新型合作经济组织的构想来源已久。雷嘉训指出，2006 年关于社会主义新农村建设的中央一号文件颁布后，时任浙江省委书记习近平同志就提出农民专业合作、供销合作、信用合作“三位一体”构想，并在瑞安市等地率先试点。习近平同志在 2016 年 10 月听取瑞安市试点负责人的汇报后进一步指出：“三位一体”的新型合作与联合组织，把合作制农业产业化经营又提高了一个层次，实现了新老合作经济资源的对接和各种合作经济组织的合作与联合。经过多年曲折反复，党的十八大特别是党的十八届三中全会之后，“三位一体”的新型农村合作组织实践在浙江和全国铺开。雷嘉训带领其团队分别于 2018 年和 2019 年在重庆江津和巴南助推成立合作社，并提出建立农村合作协会作为“三位一体”的载体。[2]

张莹雪主要介绍了湖北省咸宁市“四型”农村社区组织建设的实践情况。“平原发达型”农村社区重点在于引导城市资本和产业向农村社区转移，形成城乡资源互惠体系；“山区贫困型”农村社区重点在于加大扶持力度，以村民基本需求为着重点，促进社区物质水平逐步提升；“两型社会型”农村社区着重经济的可持续发展，依托当地良好的生态环境，主打资源节约型和环境友好型发展模式；“城郊生态文化型”农村社区围绕休闲、生态、观光、旅游等第三产业的发展，依托城市消费，促进产业升级。该社区组织建设实践通过因地制宜，充分发挥出了不同农村社区的地缘优势。[3]

---

〔1〕 参见王权典：《土地股份合作的法治思考与实践规制检讨——以广东南海改革为例》，载《第十届中国农村法治论坛论文集》（会议交流用），2018 年 12 月 22 日。

〔2〕 参见陈林、商文江等：《“两会”上的“三位一体”：新型合作经济组织的实践与立法》，载《第十届中国农村法治论坛论文集》（会议交流用），2018 年 12 月 22 日。

〔3〕 参见张莹雪：《农村社区建设中社会保障制度的同步变革——结合咸宁“四型”农村社区建设》，载《第十届中国农村法治论坛论文集》（会议交流用），2018 年 12 月 22 日。

(五)乡村治理实践

如今乡村治理中愈发强调多元化纠纷解决机制的建立。吴大华、尹训洋在此基础上更进一步指出,在乡村系统内部也存在着选择的“偏好序列”。一种是宗族调解系统的重启,比如,浙江省温州市和江西省的部分乡村,虽然有配套的村民自治委员会,但村民仍然倾向于选择宗族调解方式来化解纠纷。另一种是现代司法系统的建构,这往往发生在东部沿海发达地区,其乡村法治观念较强,与市场经济的融合度较高。还有一种为多元调解机制并存系统,发生在西南地区某些人员流动性较强的村落,流向城市的农民工群体在城市的经历使其逐渐接受现代司法纠纷解决机制,而乡土特征又使他们始终无法完全脱离传统纠纷解决机制。[1]

王权典、杜金沛等人则对广州市白云区寮采村创新型村社治理架构进行了详细剖析。该村经过多年实践摸索,形成了以村党组织为核心,村委会为主导,村民为主体,村务监督委员会、经济合作社、驻村单位、群众社团等协同参与的新型村社治理结构,有效地融合了国家治理与村社自治。[2]

刘卓则介绍了党的十八大以来,浙江省枫桥镇以善治为目标发展出的新型社区矫正模式。其主要以社区矫正机构为主导,以自治、法治、德治相融合。在这种模式下,社区矫正机构负责社区服刑人员刑罚的执行,实现对服刑人员的监督管理和教育帮扶;而农村地区则以村民自治为核心,德治为基础,法治为保障,为社区服刑人员提供了一个不想再犯、不能再犯和不敢再犯的社会环境。[3]

三、全面实施乡村振兴战略面临的法治问题

(一)乡村振兴立法中面临的问题

李玉虎认为,乡村振兴立法重点应当是权利义务的配置或职权职责的划分,否则通过立法促进乡村振兴很可能沦为口号。同时,乡村振兴是一项复杂的系统性工程,

---

〔1〕 参见吴大华、尹训洋:《乡村治理中的“理性选择”》,载《第十届中国农村法治论坛论文集》(会议交流用),2018 年 12 月 22 日。

〔2〕 参见王权典、杜金沛等:《广州白云寮采村治创新“村民理事会”之范例分析》,载《第十届中国农村法治论坛论文集》(会议交流用),2018 年 12 月 22 日。

〔3〕 参见刘卓:《乡村犯罪的“四治”矫正模式研究——以枫桥经验为素材》,载《第十届中国农村法治论坛论文集》(会议交流用),2018 年 12 月 22 日。

不能单纯依靠法律解决。杨青贵指出,虽然制定乡村振兴促进法已经被列入《十三届全国人大常委会立法规划》,但出台完善科学的法律规范存在较大难度。主要原因在于:一是目前学界对这块的理论研究十分欠缺;二是集体经营性建设用地入市是乡村振兴促进法的重要内容,但自2015年集体经营性建设用地改革试点正式启动以来,已历经两次延续,目前实践探索还在继续。马永双则指出,乡村振兴综合性立法的难度较大,法律责任应该如何写入也有待进一步探讨。

(二)脱贫攻坚中面临的问题

孟庆瑜指出,虽然各地在易地扶贫搬迁中面临的情况各异,但普遍存在以下不足:政策主导,法律辅助;政府主动、市场被动;强制有余、自愿不足;扶贫错位、扶贫失准;投入无限、产出有限。

郑若瀚则认为,精准扶贫中运动式治理诉求与法治化治理之间存在张力。强调短期内显性指标达到考核标准,却疏于长效机制的构建,敷衍动机、短视倾向更多压抑、排斥了赋权导向的治理逻辑。以政府为主导的中国扶贫确实取得了显著成就,但缺乏约束和规范的权力在扶贫工作中存在着干预失灵问题。[1]

(三)产权制度改革中面临的问题

中央政策文件一再强调在农村土地制度改革中要坚持集体所有权,但耿卓指出,我国集体土地所有权存在被轻视、被误读的现象。被轻视,主要表现在现有理论研究与制度设计多集中于农地“三权分置”,对集体所有权的关注很少;被误读,主要表现为一些学者往往将集体所有权理解为公法上的概念,是国家治理工具或有意的制度模糊。高飞则认为,落实集体土地所有权的现实困境主要在于权利性质错位、主体制度残缺、权利内容贫乏。

在农地“三权分置”改革探索中,丁关良认为土地承包经营权只具有财产属性,并且难以被分解为新“两权”(土地承包权与土地经营权),人为设定的新“两权”运行架构势必会造成众多制度扭曲,起不到平等保护承包农户和流进方权益的真实效果。相反,土地承包经营权转让只存在法律障碍且属于人为设定的不合理的制度限制,根本不存在法理障碍。江帆则认为,“坚持所有权、稳定承包权、放活经营权”的“三权分置”

---

〔1〕 参见郑若瀚:《中国反贫困的法治保障》,载《第十届中国农村法治论坛论文集》(会议交流用),2018年12月22日。

权利结构看上去很美，却违背了最简单的权利逻辑，即在一个本身残缺的权利上不可能分置出更好用的权利；而分置以后的承包权如果具有身份的永久性，其不能与经营权在一定的时间和空间范围内彻底分离，经营权的流转性也将落空。[1] 王权典进一步指出，“三权分置”下土地利用还面临着若干“瓶颈”：一是土地权属定性不明；二是权利主体身份不清；三是两权抵押融资不能；四是流转获益途径不畅；五是人地两隔管理不便。

股权问题是土地股份合作制改革的核心，其直接决定农民配股及分配的公平性。但王权典指出，《物权法》只规定了土地承包经营权的转让、转包、互换，对入股却没有明示。《农村土地承包法》在入股问题上对家庭承包和其他方式承包也采取不同的立法态度。此外，土地股份合作还面临如下法律悖论：一是从入股的法律效力来看，承包方以承包经营权入股组成的股份合作组织并不具备公司法律人格；二是从入股方式来看，《农村土地承包法》仅规定入股合作经营一种，对于实践中单纯入股的流转方式，该法对此没有预见性规定；三是土地股权与严格理论意义上的股权有差距，只是一种不可转让，仅可作为获取收益分配凭据的“剩余索取权”，并无相应的股权全部权能。[2]

段浩则认为，在农村集体经营性资产股份制改革中以下问题还需进一步探讨：一是股份制改革系列制度的立法修订以及适用问题；二是股份制改革法治化路径所面临的制度边界问题；三是集体经营性资产管理产生的风险控制、纠纷解决、权益保障等问题。

在集体股探索的实践困境上，郭跃昕指出，目前还存在立法供给缺位、社会重视不够、理论支撑不足、法律救济滞后等问题。[3]

（四）主体制度建设中面临的问题

陆剑等人指出，我国在中央层面尚无一部全面规定农村集体经济组织的专门性法律。尽管《民法总则》第 9 条赋予农村集体经济组织法人资格，并将其归类为特别法

---

〔1〕 参见江帆：《中国农地制度的变革：历史、障碍与方向》，载《第十届中国农村法治论坛论文集》（会议交流用），2018 年 12 月 22 日。

〔2〕 参见王权典：《土地股份合作的法治思考与实践规制检讨——以广东南海改革为例》，载《第十届中国农村法治论坛论文集》（会议交流用），2018 年 12 月 22 日。

〔3〕 参见郭跃昕：《农村“三变”改革中集体股的实践探索与制度回应》，载《第十届中国农村法治论坛论文集》（会议交流用），2018 年 12 月 22 日。

人,但是并没有构建特别法人的一般规则。《物权法》《土地管理法》《农村土地承包法》《农业法》《村民委员会组织法》等立法虽然也有关于农村集体经济组织法人的零散规定,但有些规定已经不适应农村社会的新情况、新问题。[1] 高飞也认为,《民法总则》有关农村集体经济组织法人之规范留下诸多制度空白亟待补充,例如,农村集体经济组织依据何种法律取得法人资格?农村集体经济组织取得法人资格是否需要具备一定条件且应当具备哪些条件?农村集体经济组织作为特别法人的"特别之处"体现在哪些方面?

关于土地股份合作制改革中大量存在的以村为单位组建的"土地股份合作社",王权典指出,其缺乏明确的法律定位,往往与村委会同一套班子,尽管其组织形式类似股份公司,有股东大会、董事会及经营班子,其实并不具备公司法律人格,既无企业法人工商登记亦无税务登记。[2]

李长健认为,中国农民组织化程度是乡村振兴立法中必须要思考的问题,如何架构适合农民协会的组织体系至关重要。但在当下的中国农村,成系统化的农民协会组织却是一个空白,我国相关的立法更是空缺。为了维护和保障自身权益,农村已经出现了一些农民自发筹建的组织,但杂乱无章的组织与维权方式不但于保障农民权益无用,更可能是社会不安定因素的来源。[3]

(五)乡村治理中面临的问题

王林兵指出,尽管党的十八大以来反腐败斗争压倒性态势已经形成,但目前我国反腐败工作的重心仍聚焦于县市及以上层级,而农村基层反腐的力度和深度相对较小。我国农村地区基层反腐面临的现实挑战主要有:一是农村基层群众自治在一定程度上异化为有的基层干部权力垄断性治理;二是权力的赋予者与行使者有时撇开正式的规则进行非规范性的互动;三是有的农村民众在基层反腐行动中的存在政治冷漠与"搭便车"心理;四是基层监督制度的多元性与监督主体的一致性矛盾导致权力监督低

---

[1] 参见陆剑、易高翔:《农村集体经济组织法人:主体构造与成员制度》,载《第十届中国农村法治论坛论文集》(会议交流用),2018年12月22日。

[2] 参见王权典:《土地股份合作的法治思考与实践规制检讨——以广东南海改革为例》,载《第十届中国农村法治论坛论文集》(会议交流用),2018年12月22日。

[3] 参见李长健、李曦:《经济法视野下我国农民协会组织可行性研究》,载《第十届中国农村法治论坛论文集》(会议交流用),2018年12月22日。

态化。[1]

燕蕊桦、杨峰指出，在当前依法治国的大背景下，我国农村公共法律服务建设面临以下困境：一是我国农村地区因其具有天然的乡土社会特殊性，公共法律服务的运作因乡土环境及人、情等各种乡土因素的影响而产生“水土不服”现象，对公共法律服务的时效性产生影响；二是我国农村地区公共法律服务供需矛盾突出，配合资源的整合力度不够；三是农民法律意识淡薄，法律工作者素质参差不齐。[2]

四、全面实施乡村振兴战略的法治保障

（一）加快构建乡村振兴法律制度体系

马永双指出，国家已经明确将乡村振兴立法定位为促进型立法，其在“三农”法律体系中具有统领性、原则性地位。但乡村振兴工作具有复杂性、差异性、长期性，应该坚持地方立法先行，以地方立法经验为国家立法提供可资借鉴的地方智慧。与此同时，地方立法中也应该优先考虑综合性立法，尽管其难度较大，但可以解决单行法覆盖面不够的问题。乡村振兴立法也必须处理好与党内法规制度、国家其他法律法规，以及提出乡村振兴政策的规范性文件之间的关系，但有些短期政策没必要法律化，选择将政策纳入法律应该进行长远考虑。甘强则认为，研究乡村振兴法治应该将民法思维与经济法思维结合起来，前者能够加深我们对权利的认识，后者能够使公共权力更好地介入。

落实到具体层面，肖顺武指出，“三农”领域已经成为金融资源配置的“洼地”。在乡村振兴的新时代背景下，构建一种倾斜性信贷支持机制是强化“三农”信贷激励机制的新探索。在这一过程中既要以权利的介涉为手段培育农村的融资担保市场，又要以可获性为目标发展金融中介和创新金融工具。要基于一种农村金融市场主体利益均衡和联动的动态思维，在寻求农村金融契约运行新模式的同时，坚守防范农村系统性金融风险和保障农民基本权益的底线，进而开创金融资金配置过程中农村机构“放心

---

〔1〕 参见王林兵：《新时代乡村治理视域下农村基层反腐路径的优化与创新》，载《第十届中国农村法治论坛论文集》（会议交流用），2018年12月22日。

〔2〕 参见燕蕊桦、杨峰：《乡村振兴背景下农村公共法律服务建设的现状及对策》，载《第十届中国农村法治论坛论文集》（会议交流用），2018年12月22日。

贷”、农民“放心用”的双赢局面。[1]

（二）将脱贫攻坚纳入法治化轨道

孟庆瑜指出，破解易地扶贫搬迁难题的法治之道在于：一是强化易地扶贫搬迁立法保障；二是依法确立易地扶贫搬迁对象精准识别、动态调整、退出评估机制；三是建立权力行使监督制约机制，预防惩治易地扶贫搬迁领域职务犯罪；四是依法保障贫困主体合法权益。[2]

关于如何实现反贫困的法治化。郑若瀚建议：首先，建立权利保障导向的多维评估机制。贫困多维评估应当涵括生活维度、健康维度、教育维度、就业维度和制度维度五个方面。其次，建立健全反贫困赋权体系。这就需要从基本生存层次与发展层次两个维度完成赋权。前者重在解决权利兜底问题，主要包括无劳动能力群体的收入保障和医保兜底能力建设。后者重在通过赋权实现贫困群体的自我发展和自我实现，强调“授人以渔”和消除脱贫发展的障碍因素。最后，完善反贫困中的权力塑造。这就要求确定职权法定原则，优化和规范资金管理，推动精准扶贫基本工作制度的法治化，推动“分权”改革，完善问责体系。[3]

杨青贵从资产收益扶贫的具体层面指出，以制度建设推进资产收益扶贫探索，主要措施包括：一是推进资产收益扶贫制度体系的创新建设；二是抓住资产收益扶贫体系的关键环节，即实施主体、实施范围、量化股权、收益分配、监督管理；三是坚持协调和系统推进资产收益扶贫探索。

（三）厘清产权制度改革法治困惑

为了将集体土地所有权落到实处，高飞提供了以下具体方案：一是彰显私权品格。转变集体土地所有权具有公权属性的观念，理顺国家政策与法律的关系，同时精准界定公共权力的范围。二是健全主体制度。填补《民法总则》有关农村集体经济组织法人的规范中留下的诸多制度空白。三是充实权利内容。在以私权法理和物权规则检

---

〔1〕 参见肖顺武：《乡村振兴背景下倾斜性“三农”信贷支持机制的构建路径》，载《第十届中国农村法治论坛论文集》（会议交流用），2018年12月22日。

〔2〕 参见孟庆瑜、张思茵：《易地扶贫搬迁法律问题研究》，载《第十届中国农村法治论坛论文集》（会议交流用），2018年12月22日。

〔3〕 参见郑若瀚：《中国反贫困的法治保障》，载《第十届中国农村法治论坛论文集》（会议交流用），2018年12月22日。

视集体土地所有权内容的基础上，结合土地社会主义公有制的价值要求，拓展使用权能，恢复收益权能，细化处分权能。

王权典认为，进行“三权分置”改革的当务之急是澄清其基本概念，在达成共识的前提下进行法律制度设计。一是依法厘清农户承包权与土地承包经营权的关系。从“三权分置”改革价值目标出发看，目前政策文件所表述的农户承包权实指土地承包经营权。二是界定“三权”各自的权能范围。集体所有权并非现行《物权法》中的“共有物权”，不能套用“按份共有”或“共同共有”的解释；农户承包权兼具身份性与财产性，同时应当凸显其财产性；土地经营权的权能应当更加丰富，但不可妨害农民既有的土地承包经营权，同时，要明晰土地经营权的设权依据、权利性质与设立担保的制度基础。王权典还创造性地提出，从我国现实基本国情出发，讲“四权分置”或许更科学完整，即落实所有权、稳定承包权、放活经营权、保障收益权。[1]

丁关良认为，在“三权分置”改革中守住新“两权”并行格局必是无解之局。土地承包经营权流转已经有现行法理的强大支撑，重构土地承包经营权转让制度是迈向农地流转改革真谛的先河，如此方能使土地承包经营权抵押、入股、互换、继承等流转方式的厘清水到渠成。

江帆认为，随着城市化进程的加剧，我国农地的保障功能已经渐行渐远，现行农地制度已经丧失其合理性与现实性。这需要进一步还权赋能，并从法律上解除农地抵押和流转的限制。为此，需要重构农地产权与政权的关系，需要约束国家在农地产权变革中的权力限度，尊重农民意愿并开展广泛的社会协商，尽力避免农地产权变革引起的社会动荡。[2]

在土地股份合作制改革问题上，王权典认为，其初始较有成效不可脱离一定的外部条件，即兴起于工业化和城市化程度高、第二或第三产业极其发达、农村人口大量转移的地区。但是，对那些农业成分依存度较高、政策管制严或建设用地收益不明显的地区并不具有普适性。因此，既要允许有条件的地方积极探索土地股份合作模式，不

---

〔1〕 参见王权典：《由农地“两权分离”到“三权分置”之制度演进逻辑及立法调整意义》，载《第十届中国农村法治论坛论文集》（会议交流用），2018年12月22日。

〔2〕 参见江帆：《中国农地制度的变革：历史、障碍与方向》，载《第十届中国农村法治论坛论文集》（会议交流用），2018年12月22日。

断总结经验,也要对土地股份合作的理论困惑与实践操作中的某些混乱或偏颇问题,加以认真研究分析,明确法律规制的基本框架。[1]

在乡村振兴战略背景下,维护农民财产权是农村改革的主旋律,也是集体经营性资产股份制改革的本质所在。段浩建议,以现代产权理论为逻辑起点,以集体经营性资产的集体所有与成员股权为逻辑结构,以公平为核心的农民财产权利体系为逻辑归宿,进行实践与理论重构。在法治化思路上,将明晰产权作为主要前提,加强管理作为关键步骤,规范分配作为核心环节,最终实现经营性资产收益公平分配的目标。[2]

针对集体股在实践中面临的困境,郭跃昕建议,一是推进集体股的立法设计。可以从集体股的定性、权利主体、权利内容、转让退出制度等方面予以考虑。二是强化集体股的法律救济。人民法院可通过出台指导意见或发布典型案例等方式为此类纠纷的解决提供参考。三是完善集体股的发展支持。这需要政府在财政、税收、人才、制度等方面给予支撑。[3]

(四)完善乡村主体制度法律构建

陆剑指出,关于"农村集体经济组织法"立法形式的选择,目前主要有两种方案:一种是由国务院制定行政法规,另一种是由全国人大制定法律。但陆剑认为,应当采用法律形式,制定出一部比较完善的"农村集体经济组织法"。陆剑还探讨了该法的主要框架内容:总则章,包括立法依据,农村集体经济组织法人的宗旨、法律定义、基本原则、业务范围,主管机关及其职责等;设立和登记章,包括农村集体经济组织法人的边界、多级主体形式及其名称、住所、章程应当载明的事项、设立条件和设立程序以及登记备案的程序;成员章,包括成员资格的取得和消灭以及成员的权利和义务。[4]

雷嘉训认为,根据我国立法现状,可以将农村合作协会构造成一种特殊的社会团

---

〔1〕 参见王权典:《土地股份合作的法治思考与实践规制探讨——以广东南海改革为例》,载《第十届中国农村法治论坛论文集》(会议交流用),2018 年 12 月 22 日。

〔2〕 参见段浩:《农村集体经营性资产股份制改革的理论逻辑与法治路径》,载《第十届中国农村法治论坛论文集》(会议交流用),2018 年 12 月 22 日。

〔3〕 参见郭跃昕:《农村"三变"改革中集体股的实践探索与制度回应》,载《第十届中国农村法治论坛论文集》(会议交流用),2018 年 12 月 22 日。

〔4〕 参见陆剑、易高翔:《农村集体经济组织法人:主体构造与成员制度》,载《第十届中国农村法治论坛论文集》(会议交流用),2018 年 12 月 22 日。

体法人，其能够加强农民专业合作社、供销合作社、信用合作社三类合作组织的合作、联合与整合，全面深化农村金融、产品流通与科技体制改革。

李长健认为，随着我国农民协会的政治职能向经济职能转型，将其视为经济法视野下的社会中间层主体具备一定的可行性。农民协会作为政府行政权力的延伸，是国家管理农村市场的辅助力量；作为农民利益代言人，能够弥补我国农民利益代表机制缺位的问题。但农民协会的权利边界仍需进一步廓清，其行为理应受到经济法的规制。从某种意义上来讲，农民协会的成立是中国实现法治化发展的基本标志与基本构成。[1]

（五）优化乡村治理法治格局

完善我国农村地区的基层反腐策略是优化乡村治理法治格局的必由之路。王林兵围绕这一乡村治理难题提出了如下意见：一是创新我国农村村民自治制度，试点实行村委干部轮值制度，打破权力垄断格局；二是推进有针对性的法制宣传与政治教育，匡正农村基层"干群"非规范性互动关系；三是推进基层反腐制度建设，增强群众反腐安全感与获得感，抑制反腐"搭便车"心理；四是完善党内基层巡察制度，规制监督制度多元性与监督主体一致性矛盾，进而抑制权力的异化。[2]

在推动农村公共法律服务的建设方面，燕蕊桦、杨峰指出：一是应当加快农村公共法律服务人才队伍建设；二是加快农村公共服务实体平台和电子平台建设；三是改革现行普法教育机制，扩大法治宣传，提升社会认知度；四是条块结合，上下联动，建立农村公共法律服务内外信息互通机制；五是丰富服务产品，满足日益增长的法治文化需求。[3]

五、总结与展望

盛学军认为，在乡村振兴战略实施领域，要重视研究问题的理据是否充分，对政策

---

〔1〕 参见李长健、李曦：《经济法视野下我国农民协会组织可行性研究》，载《第十届中国农村法治论坛论文集》（会议交流用），2018年12月22日。

〔2〕 参见王林兵：《新时代乡村治理视域下农村基层反腐路径的优化与创新》，载《第十届中国农村法治论坛论文集》（会议交流用），2018年12月22日。

〔3〕 参见燕蕊桦、杨峰：《乡村振兴背景下农村公共法律服务建设的现状及对策》，载《第十届中国农村法治论坛论文集》（会议交流用），2018年12月22日。

文件的梳理是否完整等。在理论研究中，单一学科的解释力都显得虚弱甚至苍白，只有注重学科间的交叉融合，善于运用多维视角去分析解决问题，才能有所建树。学术研究是最不害怕困惑的，因为困惑恰好意味着问题，是新的学术增长点。农村法治与某些研究领域相比的确更接"地气"，但也更加具有现实意义。唯有共同努力、携手致力，方能为实现乡村振兴的法治保障贡献智识。

乡村振兴立法研究

乡村振兴地方立法:定位、协调与框架

马永双* 陈有南** 宋晓丽***

目 次

党的十九大报告提出“实施乡村振兴战略”,乡村振兴成为国家战略之一。《中共中央、国务院关于实施乡村振兴战略的意见》分别提出了国家和地方进行乡村振兴立法的要求。《十三届全国人大常委会立法规划》明确将“乡村振兴促进法”作为第二类立法项目,需要抓紧起草工作、条件成熟时提请审议。有些地方立法规划中也列入了乡村振兴立法项目。因此,乡村振兴立法迫在眉睫。本文将提出乡村振兴地方立法先行,并就乡村振兴地方立法的定位、与党内法规制度和其他法律法规的协调、立法框架等进行讨论。

---

* 浙江农林大学文法学院教授。

** 浙江省遂昌县人民法院院长。

*** 浙江农林大学暨阳学院讲师。

一、乡村振兴地方立法先行

《中共中央、国务院关于实施乡村振兴战略的意见》(以下简称2018年中央一号文件)中明确提出"抓紧研究制定乡村振兴法的有关工作,把行之有效的乡村振兴政策法定化,充分发挥立法在乡村振兴中的保障和推动作用"。有学者指出:"根据国际经验,但凡如乡村振兴这样全国性的发展战略,都会出台相应的法律法规,用法律法规的形式将这种发展战略固定下来,使这种发展战略的执行和可持续发展有法可依。美国、法国、日本和韩国都是如此。"[1]

乡村振兴战略是党的十九大提出的一项重大国家战略,实施乡村振兴战略既要坚持党的领导,又要有国家立法的保障。2018年中央一号文件不但提出国家"抓紧研究制定乡村振兴法"的任务,而且还提出"各地可以从本地乡村发展实际需要出发,制定促进乡村振兴的地方性法规、地方政府规章"。

乡村振兴战略具有复杂性、差异性、长期性,国家立法应该侧重共性问题,地方立法应该凸显个性问题。理想的做法,也是理性的做法是地方立法先行。有了一些乡村振兴地方立法经验,可以为国家立法提供可资借鉴的地方智慧。尤其乡村振兴成就显著、处于领先地位的省份(如浙江省、江苏省等)应该率先立法。事实上,浙江省的农民专业合作社立法是早于国家立法的,浙江省、江苏省等的农村集体资产管理立法,处于全国领先地位。这些地方立法均为乡村振兴法律法规体系的重要组成部分。

关于农村改革,中央鼓励基层先行先试,形成经验、模式,然后制定政策,加以推广。家庭联产承包责任制、承包地与宅基地的"三权分置"均是对基层先行先试的肯定与支持。农村的改革成果应该以法律法规予以固化。乡村振兴过程需要农村改革不断推进,而改革应于法有据,且应根据各地的不同情况,进行因地制宜的乡村振兴地方立法。当各地实现了农业农村现代化,坚持了农业农村优先发展,达到了产业兴旺、生态宜居、乡风文明、治理有效、生活富裕,也就符合了国家实施乡村振兴战略的总目标、总方针、总要求。可见,地方立法不但推动和保障乡村振兴,还可以推动国家立法。因

---

[1] 张军:《乡村价值定位与乡村振兴》,载《中国农村经济》2018年第1期。

此,地方立法应先行且快行。[1]

二、乡村振兴地方立法定位

"乡村振兴法"应当是一部综合性、全覆盖的法律,在农业法律体系中具有支柱性、基本法的属性。[2] 这表现在以下三方面:第一,法律名称为"乡村振兴法",与2018年中央一号文件中提法一致。第二,法律调整对象为涉及乡村振兴方面的全部社会关系,调整手段具有综合性。第三,法律地位为农业法律体系中支柱性法律,具有基本法的属性。这应理解为,乡村振兴法在农业法律体系的定位,尚不足以看作在整个国家法律体系中的定位。有专家进一步指出,乡村振兴法成为农业农村领域的基本法,其立法层级要高于土地管理法等一般法律,应当等同于《刑法》《民法通则》《刑事诉讼法》等基本法律,应当由全国人民代表大会审议通过。[3] 该建议明确指出,乡村振兴法应该为国家法律体系中的基本法。

以上两种表述,均肯定了乡村振兴法在农业法律体系中的地位,所不同的是,前者强调乡村振兴法在农业法律体系的基本法属性,后者主张乡村振兴法为基本法。

笔者认为,乡村振兴法应该是"三农"法律体系中的"统领法"。理由如下:第一,乡村振兴是新时代"三农"工作总抓手,[4] 乡村振兴法便应统领"三农"法律体系(农业法律体系)。第二,2018年9月,《十三届全国人大常委会立法规划》发布,[5]《乡村振兴促进法》作为第二类项目,由全国人大农委作为牵头起草单位。法律名称有所变化,定位为促进型法律,难以达到国家基本法的层次。

基于上述分析,乡村振兴地方立法可以与国家立法定位一致,也应该是促进型的

---

〔1〕 快行,是指乡村振兴实践成效显著的省份应尽快立法,为国家立法提供经验,而不是说每个地方都忙于立法。

〔2〕 2018年6月26~27日,全国人大农业与农村委员会举行农业农村工作座谈会,全国人大常委会委员、农委主任委员陈锡文提出了乡村振兴立法定位。

〔3〕 参见上海市人大农业与农村委员会:《关于制定乡村振兴法的若干问题和建议》,载《上海人大》2018年第8期。

〔4〕 2018年9月21日,习近平在中央政治局第八次集体学习时,强调乡村振兴战略是党的十九大提出的一项重大战略,是关系全面建设社会主义现代化国家的全局性、历史性任务,是新时代"三农"工作总抓手。

〔5〕《十三届全国人大常委会立法规划》,载全国人大网:http://www.npc.gov.cn/npc/c30834/201809/f9bff485a57f498e8d5e22eob56740f6.shtml,最后访问日期:2020年4月16日。

地方性法规或者地方政府规章。笔者建议，乡村振兴地方立法应该是地方性法规，以便统领各地方的“三农”立法。已有地方立法规划中有了乡村振兴立法的项目，如《山西省十三届人大常委会立法规划（2018—2022年）》中有《山西省乡村振兴促进条例》立法项目，其他地方已经或者即将把乡村振兴立法纳入立法规划或者立法项目库中。乡村振兴立法是贯彻落实党的十九大提出的乡村振兴战略的重要路径或者手段，[1]是乡村振兴政策法治化的过程与成果。

三、乡村振兴地方立法协调

乡村振兴立法应该处理好与党内法规制度、国家法律法规，以及提出乡村振兴政策的规范性文件之间的关系。

首先，要协调好乡村振兴立法与党内法规制度的关系。《中国共产党章程》总纲中提出了实施乡村振兴战略，乡村振兴立法中要体现党的领导。作为乡村振兴的总要求之一的治理有效，要求把自治、法治和德治有机结合，推进“三治融合”的乡村善治路径。“三治融合”必须在党的领导下进行。已经实施的《中国共产党农村基层组织工作条例》正在修订之中，[2]应该把实施乡村振兴战略作为党的农村基层组织的重要工作职责，乡村振兴立法亦应与其有效衔接。《中国共产党农村工作条例》正在研究制定中，[3]其是党领导农村工作的顶层设计，无论在国家层面，还是在地方层面的乡村振兴立法均应保持其内在的统一，通过乡村振兴立法把党实施乡村振兴战略的主张形成国家法律和地方性法规。因此，乡村振兴地方立法应该与党内法规制度有机衔接，贯彻落实党内法规制度中关于乡村振兴的指导思想。

其次，要协调好乡村振兴立法与其他相关法律法规的关系。我国农业法律主要有《农业法》《农村土地承包法》《农村土地承包经营纠纷调解仲裁法》《村民委员会组织法》《农民专业合作社法》《乡镇企业法》《农业技术推广法》《农业机械化促进法》《种

---

〔1〕 杨建顺教授认为，乡村振兴法是对乡村振兴战略的贯彻实施。首先要明确一种关系，即乡村振兴战略在先，乡村振兴法是乡村振兴战略贯彻实施的重要路径或者手段。

〔2〕 中共中央印发的《中央党内法规制定工作第二个五年规划（2018—2022年）》把《中国共产党农村基层组织工作条例》确定为修订的党内法规之一。

〔3〕 同上。

子法》《森林法》《草原法》《渔业法》《畜牧法》《农产品质量安全法》等,[1]此外,还有农业行政法规、行政规章、地方性法规、地方政府规章。这些法律法规规章当然能为乡村振兴保驾护航,但应在促进农业全面升级、农村全面进步、农民全面发展过程中不断完善。专门的乡村振兴立法不是取代上述法律法规规章,而是统领上述法律法规规章,并弥补其对乡村振兴的立法“短板”。因此,制定《乡村振兴促进法》时应该处理好与现行涉农法律的关系,各地制定《乡村振兴促进条例》时既要做到与现行国家层面的涉农法律法规规章的协调,也要做到与地方层面的涉农法规规章的协调。

此外,乡村振兴地方立法在落实2018年中央一号文件及《乡村振兴战略规划(2018—2022年)》的基础上,结合各地实际情况,固化乡村振兴的实践成果,规范、指引、保障乡村振兴战略的实施,从而探索形成各具特色的乡村振兴模式、经验和制度。

乡村振兴综合条件好的地方,率先立法义不容辞。浙江等地应该勇立乡村振兴地方立法潮头,尽快、充分挖掘立法资源,把浙江乡村振兴的模式、经验和制度上升为地方性法规,有条件的设区市亦可进行乡村振兴立法。在立法过程中,需要全面梳理相关法律法规规章、深入调查研究乡村振兴的成就与问题,对标2018年中央一号文件及《乡村振兴战略规划(2018—2022年)》的要求,创造性地制定《浙江省乡村振兴促进条例》,为《乡村振兴促进法》提供浙江样本。

四、乡村振兴地方立法框架

从2018年中央一号文件和《十三届全国人大常委会立法规划》可知,国家要制定一部《乡村振兴促进法》,各地可以制定促进乡村振兴的地方性法规、地方政府规章。因此,乡村振兴立法的形式为单行法。[2] 国家层面的《乡村振兴促进法》正在研究制

---

〔1〕 与农业相关法律有《城乡规划法》《防洪法》《气象法》《食品安全法》《动物防疫法》《进出境动植物检疫法》《土地管理法》《环境保护法》《水法》《水污染防治法》《水土保持法》《土壤污染防治法》《固体废物污染防治法》《野生动物保护法》《防沙治沙法》等。

〔2〕 乡村振兴法律法规体系则应该包括乡村振兴单行法与相关法,如《山西省十三届人大常委会立法规划(2018—2022年)》中,提出全力推动乡村振兴立法工作,山西拟新制定《山西省乡村振兴促进条例》《山西省小杂粮产业促进条例》《山西省雁门关农牧交错带建设条例》《山西省林果业促进条例》等6个法规项目;拟修订《山西省实施〈中华人民共和国农村土地承包法〉办法》《山西省实施〈中华人民共和国土地管理法〉办法》《山西省农作物种子条例》等8个项目;拟修正《山西省农民专业合作社条例》《山西省农业环境保护条例》等7个项目。

定中，一些地方的《乡村振兴促进条例》亦正在研究制定中，目前，尚无可供借鉴的国内的乡村振兴立法框架。笔者暂提出“1(总则)+5(乡村振兴的五项总要求)+1(法律责任)+1(附则)”的框架，具体内容尚待进一步调研、分析、论证之后，形成建议稿。

第一章　总　　则

该部分可以包括立法目的、依据、指导思想、党的领导、目标、机制、原则、人才支撑、投入保障、政府职责、干部配备、农民参与等。

第二章　产业兴旺

该部分可以包括巩固完善农村基本经营制度，深化农村土地制度改革，推进农村产权制度改革，完善农业支持保护制度、要素市场化配置、构建现代农业产业体系、生产体系、经营体系、农村一二三产业融合等。[1]

第三章　生态宜居

该部分可以包括美丽乡村建设、生态补偿机制、农业生态产品和服务供给等。

第四章　乡风文明

该部分可以包括农村思想道德建设、农村优秀传统文化传承发展提升、农村公共文化建设、移风易俗行动等。

第五章　治理有效

该部分重点体现党建引领的“三治融合”和平安乡村建设。

第六章　生活富裕

该部分可以包括农村教育事业、农村劳动力转移就业和农民增收、农村基础设施提档升级、农村社会保障体系建设、健康乡村建设、农村人居环境改善等。

第七章　法律责任

该部分可以从农村党组织、村民自治组织、村民经济组织、农民合作组织、家庭农场、农业企业、农民等界定其责任。

第八章　附　　则

该部分可以包括乡村振兴等概念的定义、生效时间等内容。

上述框架仅是初步考虑，每部分所含内容还有待斟酌、完善。虽然立法框架可以

---

〔1〕 2018年6月26~27日，全国人大农业与农村委员会举行农业农村工作座谈会，全国人大常委会委员、农委主任委员陈锡文提出了乡村振兴法内容。

从不同视角进行设计,但应呈现促进型立法的特质。[1]

五、结语

习近平总书记强调,乡村振兴战略是关系全面建设社会主义现代化国家的全局性、历史性任务。因此,实施乡村振兴战略具有艰巨性、长期性的特点,作为十三届全国人大常委会立法规划中第二类项目的乡村振兴促进法在短期内出台的可能性较小。但浙江等地率先制定乡村振兴促进条例的必要性与可行性均已具备,地方立法机关应该启动或者推进乡村振兴促进条例的立法工作。同时根据《乡村振兴战略规划(2018—2022年)》中指出的“完善乡村振兴法律法规和标准体系,充分发挥立法在乡村振兴中的保障和推动作用”,[2]各地方可以完善以乡村振兴促进条例为统领的乡村振兴法规规章和标准体系。

---

〔1〕 我国已经有多部促进型立法,如《中小企业促进法》《清洁生产促进法》《农业技术推广法》《农业机械化促进法》《科学技术进步法》《民办教育促进法》等。

〔2〕 2018年5月31日,中共中央政治局召开会议,审议《乡村振兴战略规划(2018—2022年)》;2018年9月,中共中央、国务院印发了《乡村振兴战略规划(2018—2022年)》。

乡村振兴背景下倾斜性“三农”信贷支持机制的构建路径*

肖顺武**

目　　次

一、问题的提出

2018年9月27日，中共中央、国务院印发的《乡村振兴战略规划（2018—2022年）》明确指出：要“健全适合农业农村特点的农村金融体系，推动农村金融机构回归本源，把更多金融资源配置到农村经济社会发展的重点领域和薄弱环节，更好满足乡村振兴多样化金融需求……加大对乡村振兴中长期信贷支持”。值得注意的是，虽然我

* 本文系笔者主持重庆市社会科学规划基金重大项目“重庆市农村‘三变’改革的风险控制与制度构造”（2018ZD15）的研究成果。

** 重庆市首批人文社会科学重点研究基地中国农村经济法制创新研究中心土地法治研究所所长、研究员，西南政法大学经济法学院教授、教研室主任，西南政法大学最高人民法院应用法学研究基地研究人员，法学博士。

国农业贷款不断增加，并且增长速度也比较快，但是，我国农村的存贷比却在不断下降。同时，我国农业发展已经面临农产品价格普遍过高、农产品生产成本攀升之双重挑战，更为严峻的是，我国农业补贴已经基本达到WTO规定的极限状态（据国家统计局数据，自2012年以来，我国“三农”财政支出每年都超过1万亿元，2017年更是达到18,493.80亿元）。进言之，农业、农村、农民本身就是金融资源配置的“洼地”，可以认为，就“三农”领域而言，持续的金融资源投入需求具有某种刚性。面对此种困境，《中共中央、国务院关于深入推进农业供给侧结构性改革加快培育农业农村发展新动能的若干意见》（2017年中央一号文件）指出，要“强化激励约束机制，确保‘三农’贷款投放持续增长”。此外，《中共中央、国务院关于实施乡村振兴战略的意见》（2018年中央一号文件）指出，要“强化金融服务方式创新，加大对乡村振兴中长期信贷支持”。由此看来，如何确保“三农”贷款持续增长的关键，如何具体来“加大对乡村振兴中长期信贷支持”，倾斜性“三农”信贷支持机制之建构就是这一进路的具体表现。如何建构，以下分述之。

二、以权利的介涉为手段培育农村的融资担保市场

（一）推动农民土地的权利化

正如有学者所指出的，无论是贫穷的国家，还是中等收入国家，贫穷主要和普遍的原因就是财产权及其权能的欠缺。[1] 而对发展中国家资本市场的考察表明，财产因无法流动而成为僵化的资本，严重抑制了其在资本市场上的融资能力。[2] 由此看来，在市场经济和法治的语境下，财产一方面必须要流动，另一方面流动的前提是产权明确。进言之，在农村，土地是农民最重要的财产，因此，农村财产的权利化主要就是农地的产权确定问题。也正是在这个意义上，有学者认为农地权利的配置及其确定的程

---

〔1〕 See Commission on Legal Empowerment of the Poor, *Making the Law Work for Everyone*, *Vol*. Ⅱ. *Working Group Reports*, New York, UNDP, 2008, p. 64.

〔2〕 参见［秘鲁］赫尔南多·德·索托：《资本的秘密》，于海生译，华夏出版社2007年版，第22～24页。

度，是一个国家经济增长、食品安全和社会稳定的重要因素。[1]

那么，我国农民土地权利化的现状如何呢？(1)根据我国法律规定，我国的土地所有权形式只有两种：一种是国家所有制，另一种是集体所有制。从《物权法》的角度看，农民对土地是没有所有权的，只有使用权。(2)《物权法》第184条第2款明确规定，"耕地、宅基地、自留地、自留山等集体所有的土地使用权"不得抵押。但是，这里有两点值得特别注意：第一，《物权法》在第184条第2款后面增加了但书，即"法律规定可以抵押的除外"。也就是说，集体土地使用权不得抵押从法律的角度看并没有完全禁止。第二，根据《物权法》第128条的规定，"土地承包经营权人依照农村土地承包法的规定，有权将土地承包经营权采取转包、互换、转让等方式流转"。也就是说，虽然我国现行法律层面规定集体土地不得进行抵押（但书条款除外），但是，可以依法进行流转。(3)根据本轮土地改革——关于农地实行"三权分置"（土地所有权、承包权、经营权的三权分离）的改革，土地承包权可以进行抵押和流转。从以上分析我们可以看出，我国农地权利化已经具备一定的现实基础。

法律的现有规定和土地改革的推进，仅仅是农地权利化的第一步。要想真正实现农地权利化的价值，还必须要考虑农地权利的流转问题。从技术的角度来看，这主要牵涉两个方面的问题：(1)农地的确权问题。从融资的角度来看，正如有学者所指出的，农地确权不仅能提高农户名义信贷需求，也有利于促进农户的名义信贷需求转变为有效信贷需求。[2] 然而，农地确权在我国现在已经变成一项异常复杂的问题：[3] 地

---

〔1〕 See Anne-Marie Leroy and Jonathan Lindsay, "Agricultural Investment and Land: Some Reflections on Lessons Learned (and Still to be Learned) from Experiences with Land Titling", *Uniform Law Review*, Vol. 17, 2012.

〔2〕 参见张龙耀、王梦珺、刘俊杰：《农地产权制度改革对农村金融市场的影响——机制与微观证据》，载《中国农村经济》2015年第12期。

〔3〕 根据原农业部援引《湖南日报》的信息，截至2017年2月，全国农村土地确权进度最快的湖南省，其确权额度也仅为全部承包面积的50.5%。载农业部网站：http://www.moa.gov.cn/fwllm/qgxxlb/qg/201702/t20170222_5492395.htm，最后访问日期：2018年6月9日。而根据2017年3月3日《农业部办公厅关于印发〈2017年农村经营管理工作要点〉的通知》，我国农村土地确权的整省试点区包括北京市、天津市、重庆市、福建省、广西壮族自治区和青海省，当然，根据原农业部副部长余欣荣的说法，我国农地确权试点将继续扩大到28个。载东方网：http://news.eastday.com/eastday/13news/auto/news/finance/20170308/u7ai6576600.html，最后访问日期：2018年6月9日。

方政府有意识地少报(为城镇化提供土地资源)或者多报(骗取国家农业补贴),加之城镇化过程中的占补平衡造成的耕地的位置变动等,现在农村土地确权已经是一项非常复杂的基础性工作。[1] 但是,确权是必须推进的工作,因为农地权利不明确,构建针对"三农"的倾斜性信贷支持机制势必受到极大的负面影响。而农村抵押物市场也就无法建立起来,那整个"三农"信贷支持机制可能就要重蹈覆辙。(2)农地的价值评估问题。尽管法律规定农地经营权可以流转,可以抵押,但是,要真正实现抵押的财产性价值,就必须首先明这个抵押物的价值到底有多大。事实上,农地价值的正确评估,既关系抵押人,也关系抵押权人——因为价值评估高了损害抵押权人,价值评估低了损害抵押人。正是在这个意义上,有学者认为农地价值的正确评估关系借款人和金融机构双方的经济利益。[2] 事实上,抵押物价值的正确评估还关系作为金融机构的抵押权人在农村从事贷款行为时的风险控制问题。因为受土地管制制度的影响,一方面,当然要对抵押物进行正确的价值评估,否则对抵押人很不公平;另一方面,也要考虑金融机构风险防范的需要。

(二)创新农村金融市场中的担保形式

据学者的研究,"抵押物缺失、没有合适的担保机构是涉农企业和农户获取银行贷款的两个最困难环节"。[3] 因此,要培育农村抵押市场,就必须从抵押物和担保机构这两个方面着手,这就牵涉在农村担保市场中如何创新担保形式的问题。笔者认为,结合我国农村的实际情况,可以考虑如下担保形式。

一是小组担保形式。这种担保方式其实是一种人保,就是利用村民小组互相熟悉,从而也最有利于对贷款对象进行筛选和监督,进而将贷款的风险降到最低。从美国的经验来看,重视基层金融组织的作用也是非常必要的。因为基层组织的社员之间相互熟悉,具有明显的信息优势。[4] 从根本上来讲,这也是一种利用非正式社会资源的方式。例如,一个村民小组可能有60户,如果有40户愿意为这个人的贷款担保,则

---

〔1〕 参见邹晓娟、谢强强、黄建伟、翁贞林:《农户对土地确权的认知及影响因素分析——基于江西省的抽样调查》,载《求实》2016年第6期。

〔2〕 参见于丽红:《美国农场信贷体系及其启示》,载《农业经济问题》2015年第3期。

〔3〕 参见雷德雨、张孝德:《美国、日本农村金融支持农业现代化的经验和启示》,载《农村金融研究》2016年第5期。

〔4〕 参见于丽红:《美国农场信贷体系及其启示》,载《农业经济问题》2015年第3期。

这个贷款的必要性和回收的可能性是非常高的。但是,小组担保也有一些难以克服的缺陷,例如,主要针对农户个人贷款、规模较小等。二是政策性担保形式。这种担保主要是针对规模经营的农户,这就要求政策性金融发挥其作用,但政策性金融支持的担保和地方政府的财政能力有较大的关系,因此,这种担保形式存在适用的普遍性不强的问题。三是商业性担保形式。这适合大规模经营的农业企业。但是,要引导商业性担保机构来做担保,可能还需要国家在财政、税收等方面进行一些优惠或者减免。四是组合担保形式。这种担保简单地讲就是采用多种担保形式,从而适度分散担保风险。事实上,组合担保也可以考虑将"人保"和"物保"结合起来。例如,有学者提出的农业担保机构根据融资主体的不同而采用保证、生产机器设备抵押、交通工具抵押、经营权及有价单证质押、存货质押、法定代表人个人财产抵押、公务员担保、不动产抵押等,[1]如果综合运用这些担保手段,也可以称为组合担保。当然,就组合担保而言,其他的交易费用损耗可能稍微大些,因此,比较适合标的比较大、情况比较复杂的担保需求。

总之,无论采用哪种或者哪几种担保形式,最终的目的就是保障担保目的的实现:既让农户贷到款,又不让金融机构承担不必要的风险。

(三)防范农村抵押贷款的风险

鉴于农村担保贷款中人保的风险防范比较复杂且过于抽象,因此从制度建构的角度来看,这里仅探讨农村抵押贷款的风险如何防范的问题,其中有两个比较重要的方面是特别值得我们关注的。

1. 规模性抵押风险的应对

正如有学者所指出的,农业信贷支持在客户选择上要重点支持具有组织化、规模化、集约化经营特点的农业产业化龙头企业、农民专业合作社、家庭农场以及种养殖大户等农业新型经营主体,因为这有利于带动产业链上下游农业经营群体的发展、提高信贷资源投入对农业经济发展的促进作用。[2] 事实上,这与理论认知基本一致:金融

---

〔1〕 参见刘志荣:《农业信贷担保服务体系建设的模式、困境及发展选择》,载《江淮论坛》2016年第3期。

〔2〕 参见陈琦:《农业信贷、财政支农对农业经济增长的影响研究:基于省际面板数据的分析》,载《西安电子科技大学学报》(社会科学版)2013年第5期。

机构在选择贷款对象时，倾向于选择规模经营主体本身并没有问题，因为规模能够产生效益。同时，规模经营主体的信息也更容易识别，经济实力相对更雄厚，承担风险的能力自然也相对更好。但是，既然是要防范风险，我们就必须认识到规模在应对风险时的“双刃剑”效果：一方面，其可能有助于防范风险；另一方面，一旦发生风险就是集聚性的风险。问题的复杂性还在于，作为一个产业，农业本身就是一个高风险行业——自然灾害风险、市场风险以及政策风险等交织，因此，一旦各种不利因素聚集在一起，就对金融机构的应对能力提出了较高的要求。也正是在这个意义上，有学者认为现阶段农地抵押的目标过度集中于规模经营主体，可能带来更大的不确定性问题，因此，提出要政府完善相应的风险补偿机制和担保机制，包括提升政策性农业保险对规模经营主体的覆盖程度等对策措施。[1]

2. 农村抵押物特殊风险的应对

析言之，农村抵押物尽管也叫抵押物，但是，毕竟其价值、流通性都是受到某些限制的。在“三权分置”改革背景下，以农村土地经营权为例，由于受到国家土地特别是耕地保护政策中的用途管制的影响，农村土地经营权的财产性价值就需要金融机构进行特别的斟酌。更直白地讲，金融机构面对农村抵押贷款的时候，可能存在一个合理的对农村抵押物“打折扣”的问题。当然，这个“折扣”到底该怎么打，可能还需要实践来证明和调适，但是基本的理念和方向应该是这样的。从贷款的额度来看，这其实就是金融机构在农村开展抵押贷款时必须考虑一个幅度的问题。以美国为例，其法律就规定了单笔最高额度信贷资金的安全投放比例：联邦土地银行是不得超过抵押土地评估价值的50%或者建筑物及其固定附属设施价值的20%，1945年以后是不超过评估值的65%。20世纪90年代以来是不得超过评估值的85%。[2] 应当说，美国的这种规定对我国农业信贷具有一定的借鉴意义：就金融机构而言，只提供合适比例的抵押价值的贷款，非常必要。自然，合理的幅度对于风险的控制也是很有助益的。

---

〔1〕 参见张龙耀、王梦珺、刘俊杰：《农地产权制度改革对农村金融市场的影响——机制与微观证据》，载《中国农村经济》2015年第12期。

〔2〕 参见于丽红：《美国农场信贷体系及其启示》，载《农业经济问题》2015年第3期。

三、以可获性为目标发展金融中介和创新金融工具

构建倾斜性“三农”信贷支持机制，需要考虑的又一个现实问题是农村金融资源的可获性问题。除一些对农户比较便利的贷款方式，例如，美国的“无追索权贷款”等方式可以供我们参考外，[1]从技术的角度来看，农村金融资源的可获性主要表现在三个方面：一是农村金融机构数量问题——这解决“有没有的问题”；二是农村金融机构的金融工具是否适合农村的需要问题——这解决“有没有用的问题”；三是农村金融市场创新的边界问题——这解决“有用到什么程度的问题”。以下分述之。

（一）农村金融机构需要外延式拓展

概言之，我国农村金融机构的发展（特别是数量方面）依然严重不足，因此，强调农村金融机构的外延式拓展具有非常现实的意义和价值。据中国人民银行提供的资料，截至2016年年底，全国村镇银行、农村资金互助社、贷款公司、小额贷款公司总数达到12,091家，较上年增加1.7%。具体分布如表1所示。[2]

表1　2016年年底农村金融机构分布情况　　（单位：%）

农村金融机构	东部	中部	西部	东北
村镇银行	39.0	27.6	24.4	9.0
贷款公司	40.0	13.3	33.3	13.4
农村资金互助社	19.4	14.9	50.8	14.9
小额贷款公司	27.3	20.6	36.0	17.1

尽管我国农村金融机构的绝对数字较大——达到12,091家，但是，考虑我国农村的人口规模及农村的广袤面积，笔者认为，农村金融机构还需要进一步扩大网点规模。

---

〔1〕所谓“无追索权贷款”，是指政府首先按照生产成本加预期利润确定主要农产品的“目标价格”，然后按照每单位农产品的目标价格确定贷款率向农民发放贷款，农民的抵押物为其农作物。其基本的运作机制是：如果农产品市场价格高于贷款率，则农民需出售农产品并还本付息；如果农产品市场价格低于贷款率，则农民可把农产品按前面的“目标价格”卖给政府以抵偿贷款，事实上相当于政府补贴了农民的农产品达不到“目标价格”的差额。参见夏益国、刘艳华：《美国联邦农业安全网的演变、特点及发展趋势》，载《中国农村经济》2014年第1期。

〔2〕中国人民银行货币政策分析小组：《2017年中国区域金融运行报告》。

表面上，各种类型的金融机构在东部、中部、西部及东北基本属于平分的状态，但我们应该看到：首先，只有东部及西部基本上稳坐1/3的规模，而中部和东北部所占的百分比显然较低。其次，东部稳居1/3的规模其实和西部有很大的差异：东部本来就是各类商业性金融机构比较密集的地区，而西部不仅商业性金融机构相对比较稀薄，且西部面积广大，相较而言，其实也是一种相对的落后和不足。最后，中部和东北部的农村金融机构发展明显不足，需要适当建立农村金融激励与扶持政策。[1]

正如有学者所指出的，之所以要强调金融服务的网点，就是因为金融机构网点可以有效缓解农村金融抑制。尽管现代金融服务的提供并不完全依赖营业网点，但是就县域经济的发展而言，金融机构网点对降低信息搜寻成本、将贫困人群的金融服务控制在一个合理的供给水平具有非常积极的意义。该学者甚至认为，金融服务网点数和金融服务的可获得性之间呈正相关关系。[2] 值得注意的是，这也为世界银行2017年的报告所证实：世界上3/4以上的贫困人口没有银行账户，而2011年对148个国家约15万人所做的调查表明，那些日均收入不到2美元的成人中75%以上没有使用过正规金融机构。

（二）注重农村金融工具的创新

就农村金融工具的创新而言，主要是要注意以下几个基础性的环节：(1)要考虑农村金融工具创新的前提条件：服务"三农"，而"三农"的金融需求是具有非常明显的层次性的——农村、农业、农民的金融需求差异都很大。因此，金融创新一定要考虑农村问题的复杂性和特殊性。正如有学者所指出的，"农业信贷创新要建立在了解农村、农民和农村企业信用基础之上，由此缓解农业产业发展面临的资金问题"。[3] (2)要明确不同类型金融需求主体的目的。具体而言，第一，农业的金融需求主要是通过金融资源的参与和支持，最终实现农业的产业化、农业的现代化，因此，主要是针对一些农业龙头企业、上规模的农业经营主体。第二，农村的金融需求主要是针对农村的基础

---

〔1〕 参见丁志国、张洋、覃朝晖：《中国农村金融发展的路径选择与政策效果》，载《农业经济问题》2016年第1期。

〔2〕 参见何志雄、曲如晓：《农业政策性金融供给与农村金融抑制——来自147个县的经验证据》，载《金融研究》2015年第2期。

〔3〕 杨希、罗剑朝：《西部地区农村资金配置效率及其影响因素研究》，载《经济体制改革》2014年第6期。

设施。但是,这种投资往往具有引导性的作用,属于投资较大、回收周期长、收益率低的金融需求,这就主要应当发挥政策性金融的作用。第三,农户的金融需求主要是一些为了维持农业生产而产生的金融需求,因此主要是一些小额的信贷需求。(3)在农村金融市场要特别注意合作金融、小微金融、普惠金融工具的使用。事实上,倾斜性"三农"信贷支持机制主要也是体现在这些方面。从短期的角度来看,主要应当多发挥政策性金融、小微金融及普惠金融的作用;从长期的角度来看,可能还是要多发挥合作金融、商业性金融的作用。因为只有此类金融方式才是将"输血式"支持和"造血式"支持相结合的金融支持方式。

(三)明确农村金融市场创新的宏观边界

明确农村金融市场创新的宏观边界是金融资源可获性实现进程中非常重要的一环。需要指出的是,精确划定农村金融市场创新的边界既不现实,也不必要。但是,鉴于农村金融市场的特殊性和复杂性,特别是在农村金融市场已经基本完成"消费性金融需求"向"生产性金融需求"转变的大背景下,如何大体上明确农村金融市场创新的宏观边界显得非常必要。笔者认为,这个边界事实上可以从参与农村金融市场的三方主体中得到答案:(1)对政府特别是金融监管机构来说,总体思路是要"放松农村金融制度创新的政策约束……应更多侧重于金融监督体系建设"。[1] 也就是说,要尊重农村金融市场的"专业性",更多地要发挥市场的基础性作用,在制度架构方面,主要是一些体系性的制度安排,不宜管得过细、过死。(2)对农村金融机构来说,主要应根据农村金融市场的特点,提供具有"差异性特色化的农村金融服务创新产品",[2]包括前文所述之小微金融、合作金融、普惠金融等,包括农村金融市场主体市场需求的层次性问题,都要有所考虑。(3)对农户来说,农村金融市场创新主要是不能脱离对农民利益的保护和防范必要的系统性金融风险。可以说,任何金融创新,如果最终变成投机者竞相追逐高额回报的工具,视农民基本的权益保护不顾,甚至可能诱发系统性的金融风

〔1〕 张宁宁:《"新常态"下农村金融制度创新:关键问题与路径选择》,载《农业经济问题》2016年第6期。

〔2〕 罗剑朝、曹燕子、曹瓅:《加大农村金融市场开放力度推进农村金融创新与发展——"农村金融创新与发展"国际学术会议综述》,载《西北农林科技大学学报》(社会科学版)2015年第1期。

险，那么，就可以认为，此种金融创新就接近了它的最后边界。[1]

四、农户、基层组织和政府在农村金融市场的有机联动

构建倾斜性“三农”信贷支持机制，从总体形势来看，必须将这种信贷机制植根于农村金融市场这片沃土之内。否则，如果一味强调政府“输血式”的金融支持，则这种倾斜终究是有限的，也不具有真正的可持续性。这就提出一个问题，如何构建一个“好的”农村金融市场。更进一步的问题在于，什么是关于农村金融市场的好的制度安排？有学者认为，所谓良好的金融制度框架统筹应当包括三个典型的层面：透明度问题、激励约束机制问题以及政府自身的治理问题，并且认为，对市场中居于优势地位的公权力实施者产生同样的约束是成功的制度基础的关键。[2] 细分起来，这一论断中的两个方面——激励约束机制及政府自身治理——都牵涉相关主体的联动问题，而要真正实现有机联动，妥善处理各主体之间的利益诉求就显得非常关键。

（一）要让农户适应农村金融市场而不是相反

深化农村金融市场改革的最终目的，到底是让农村金融市场适应农民，还是让农民来适应农村金融市场？这是一个必须澄清的先决性问题，也是农村金融市场深化改革必须牢记的目标。笔者认为，可能主要是后一个问题。让农村金融市场适应农民，是一种美好的主观愿望，但可能并不现实。虽然有学者通过研究发现金融市场化降低了农户的农业生产贷款，但是也同时发现，农户正规信贷受到影响的程度主要是受产业投资机会的影响：农业的投资机会越大，则农户贷款受到抑制的程度越低；反之，工业的投资机会越大，则农户贷款受到抑制的程度越高。[3] 因此，从根本上来讲，还是要增强农业的“内功”，要使农业真正成为一个能立足市场的产业，要让农民真正成为一种职业，从而至少能够保持社会平均利润水平，甚至在国家的支持下，比如，通过一些

---

〔1〕 参见陈雨露：《金融发展中的政府与市场关系》，载《经济研究》2014 年第 1 期。

〔2〕 参见罗剑朝、曹燕子、曹瓅：《加大农村金融市场开放力度推进农村金融创新与发展——“农村金融创新与发展”国际学术会议综述》，载《西北农林科技大学学报》（社会科学版）2015 年第 1 期。

〔3〕 参见汪昌云、钟腾、郑华懋：《金融市场化提高了农户信贷获得吗？——基于农户调查的实证研究》，载《经济研究》2014 年第 10 期。

倾斜性的金融支持机制,实现农户获得高于全国收入水平的图景。因此,如果我们通过非市场的手段改变农村金融市场,人为使农村金融市场“适合”农民的需要,则这种倾斜机制势必挑战市场经济的基本规律,遑论变成真正的法律机制,自然也不能维系长久。总之,如果农户在正规化的金融市场关于农业生产的贷款减少了,或者获取金融资源更难了,当然要思考农村金融市场的问题,但是,更应当考虑的是,农户应当如何适应农村金融市场的问题。

(二)充分发挥农村基层组织在农业信贷中的作用

从根本上来讲,要真正实现对农村的倾斜性金融支持,仅仅支持农户(这个也很必要),即使从资金利用的效率方面来看也是存在一些问题的:农户作为个体的融资能力和资金偿还能力都受到很大限制。因此,有学者提出的,基于供应链而进行的金融支持模式就代表着一种发展思路。[1] 根据该模式,农户可以和销售商、加工企业及销售商、合作社、村民委会、保险公司和担保公司分别组建融资需求主体。这种基于产业链结合的优势是:既满足了农户的金融需求,也解决了农业的金融需求,而且,鉴于存在农户与农业的连带关系、农户合作主体对农户的监督关系等社会纽带,也最大限度地降低了金融机构的金融风险。以“农户+村民委员会”为例,在这种合作模式下,金融机构的贷款审查成本、回收的风险度大幅度降低。这就属于典型的发挥农村基层组织在农业信贷中作用的例子,可以说是针对农村量身打造的一种融资模式,也能真正实现对“三农”倾斜性金融支持的目的。

(三)政府从农村金融市场的扭曲中退出

有学者从政府财政支出的视角,提出了一个很有意思的假设:“市场扭曲迫使政府扩张。”[2] 在预算法定和公开的背景下,如果此判断为真,则需要进一步说明的是,从总体来说,结合原农业部(现农业农村部)2014~2016年关于农业支出的财政预算,我们发现,我国有关农业方面的财政支出可以说是不断增长。这就提出一个问题:我国农村金融市场是否也存在市场扭曲的问题。笔者认为,没有经过缜密的调查,恐怕难以客观地回答这个问题。但是,从纯理论分析的角度来看,政府从农村金融市场中退出应当说是一个大趋势。然而,问题的复杂性在于:农村金融市场的发展、改革等都是

〔1〕 参见吴刚:《基于当前“三农”新特点的金融服务模式初探》,载《农村金融研究》2016年第4期。

〔2〕 吕冰洋:《从市场扭曲看政府扩张:基于财政的视角》,载《中国社会科学》2014年第12期。

由政府主导推动的，如何来具体进行退出？面对如此艰难的问题，有学者从专业的角度给出了一个方向性的建议：[1]一是要从总体上认识到政府干预力量的不足，尤其是对“习惯了依靠国家”的发展中国家来说更是如此。二是要充分认识到金融机构和企业微观经营活动的“专业性”。也就是说，这些领域通常不是政府擅长的领域，可能必须根据实践情况作出一些调整和变通，因为“适度的金融监管和对改革节奏的控制虽有利于更为稳定和平滑的渐进式转型过程”，但是，长期的管制就难免最终演变成“金融压抑”，进而对经济发展造成严重的损害。从这个角度来看，我国原银监会（现银保监会）制定的专门针对“三农”的一些监管措施（如银监办发〔2014〕287 号文——《关于印发加强农村商业银行三农金融服务机制建设监管指引的通知》）就可能仅在一定期限内具有相当的合理性。总之，政府在农村金融市场中的角色是非常艰难的：一方面，很多地方需要政府去“破”和“立”；另一方面，很多地方又需要政府给相关的主体一定的空间，特别是要从农村金融市场领域中相机退出。

五、寻求农村金融市场中金融契约运行的新模式

构建倾斜性“三农”信贷支持机制不仅需要在资金供给方面内生于农村金融市场，在信贷契约的运行方面也需要根据农村的特殊情况落地生根。这样一个农村金融契约的运行新模式需要明确以下几个前提：（1）这种新模式的存在并不妨碍我们对契约的法律执行的倚重。显然，如果契约的法律解决无望，那么，其他的纠纷解决模式几乎是必然无效的，或者效力很弱，或者很不稳定。但是，如青木昌彦所言，“法庭裁决需要有违反契约的证据，这是法律规则作为一种市场治理机制在实际运用中的局限性。在大多数发达的市场经济国家，市场交换的治理结构不仅仅局限于法律规则系统，它需要许多其他私人裁决的治理结构作为补充”。[2] 应当说，这里所探讨的“新模式”就是这样一种补充。（2）农村金融机构对这样一种金融契约运行模式的依赖很可能是阶段性的。进言之，如果真正实现了“农村数目字化”，则这样一种运行模式的必要性与合理性将大大下降，或至少将变得不如现在这般重要。（3）从本质上来看，这样一种金融契约的运行新模式其实也可以说是一种“社会资本”的转化。正如

---

〔1〕 参见陈雨露：《金融发展中的政府与市场关系》，载《经济研究》2014 年第 1 期。

〔2〕 [日]青木昌彦：《比较制度分析》，周黎安译，上海远东出版社 2001 年版，第 86 页。

布迪厄所指出的，不同形态的资本如经济资本、文化资本、政治资本和社会资本间是可以相互转化的。[1] (4)这样一种模式还是要注重发挥地方政府的积极作用。鉴于我国的市场体制尚不完善，因此，政府干预可能就是对法律履约体制的一种有效替代。[2] 在明确以上前提的基础上，概言之，农村金融契约的运行新模式有以下关键节点。

(一)基于"四缘"社会结构的融资主体筛选

所谓"四缘"，即笔者对于血缘、亲缘、地缘及业缘的简称。[3] 在农村这样一个特殊的金融市场，"四缘"对于筛选合格的融资主体具有不可替代的作用。从本质上来看，这种基于"四缘"的融资主体筛选方式，其实是在金融领域对"社会联系"的合理利用，本质上是一种对"社会联系的抵押"。如学者所言，社会联系抵押机制的存在，对借款人的行为构成了经济制裁之外的约束，促进了契约的有效执行。[4] 从布迪厄的观点来看，这其实就是社会资本向经济资本转化的一种情况。事实上，这种社会资本对农村融资主体的压力是空前的，因为融资主体一旦失信，将遭到其背后的亲人、朋友、邻居、生意伙伴的排斥，可以说这就是一种社会资本和声誉的破产，从此将寸步难行。也正是在这个意义上，有学者甚至提出对这样一些金融契约进行分类监管以避免过度监管、提高交易效率的建议。[5] 笔者认为，是否就此要制度化地分类监管，考虑道德风险及监管机构的识别成本，可能还需要进一步斟酌，但毫无疑问的是，适当借助这种基于"四缘"的金融契约监管机制从而集中力量加大对其他金融契约的履约监管，从治理策略的角度来说，则是非常必要的。

---

[1] 参见艾云、周雪光：《资本缺失条件下中国农产品市场的兴起：以一个乡镇农业市场为例》，载《中国社会科学》2013 年第 8 期。

[2] 参见王珏、骆力前、郭琦：《地方政府干预是否损害信贷配置效率?》，载《金融研究》2015 年第 4 期。

[3] 血缘即个人有血缘关系的亲属；亲缘主要是指没有血缘关系的朋友关系，如同学关系等，可以归为亲缘的范畴；地缘主要是指地域上的同一性，例如，同一个村的，同一个组的等；业缘主要是指生意往来伙伴关系。在农村，这"四缘"可以说是非常重要的社会关系，是一种深层次的社会结构。

[4] See Besley T, Coate S, Loury G, "The Economics of Rotating Savings and Credit Associations", *American Economic Review*, 1993, pp. 794 – 810.

[5] 参见王少国、马陆：《资金供求、交易成本、惯例与合会组织的变迁分析》，载《学习与探索》2014 年第 2 期。

（二）探索金融机构联合贷款的方式

在农村金融市场，所谓“联合贷款”，主要是指商业性金融机构和新型农村金融机构以及政策性金融机构和新型农村金融机构之间的联合资金供给。这种联合贷款也是一种促进农村金融契约运行的好方法。从信息的角度来看，这实质上是利用了农村金融机构相对的比较信息优势，正如有学者所指出的，“农业银行和农村信用社等正规金融机构在资金规模上具有优势，而农村资金互助社则具有信息搜集成本低的优势，两者的优势互补可以有效提高农村资金的配置效率”。[1] 事实上，这种联合贷款方式不仅限于农村资金互助社，新成立的许多小额贷款公司，其关于客户“软信息”的甄别等贷款审查能力，都是传统金融机构可能比较缺乏的。如果能够实现双方的联合贷款，不仅正规金融机构，特别是政策性银行这样一些有“三农”贷款指标的金融机构，便能以更大的效益发挥其有限信贷资金的撬动功能。而资本的高收回率，又能够促进这种“三农”支持资金的滚动式支持，从而真正实现倾斜性“三农”信贷支持机制的倾斜力度和目标。

（三）违约主体名单公示制度

本质上，农村金融机构对违约贷款人的名单进行公示是一种声誉惩罚机制，是一种非常有效的履约督导机制。之所以会产生一些“意想不到”的效果，是因为名单公示制度有这样一些作用的基础：(1)利用了农村社会是熟人社会的特点。熟人社会最重要的就是“面子”，显然，名单被公示就是一件很没有“面子”的行为，如果违约主体要想在这样一个群体继续有“头脸”地生活下去，履行契约进而从公示名单上消失才是正道。(2)部分利用了农村信息网络的基础。随着农村交通运输、特别是通信设施的发达，这种名单一旦被公示就会迅速传播，对违约主体是非常沉重的心理压力。因为从某种程度上来讲，信息流动的速度和名单公示的压力是呈正相关系的。(3)这种名单公示借助农村金融基础设施，特别是农村金融机构网点的发展。可以想象，如果农村金融机构能够对那些“老赖”进行联合公示，其产生的社会影响将是非常巨大的。此外，如果违约贷款人不按时还贷，当然可以进行起诉，并且由人民法院进行失信公示。

---

〔1〕 王少国、马陆：《资金供求、交易成本、惯例与合会组织的变迁分析》，载《学习与探索》2014 年第 2 期。

需要注意的是,对于公示的范围、细节等,还可以参考《最高人民法院关于公布失信被执行人名单信息的若干规定》(2017年修正)第6条的规定,[1]但是要与当事人的合法权益保护结合起来,具体如何进行,尚需要进一步的研究。

[1] 《最高人民法院关于公布失信被执行人名单信息的若干规定》第6条规定:"记载和公布的失信被执行人名单信息应当包括:(一)作为被执行人的法人或者其他组织的名称、统一社会信用代码(或组织机构代码)、法定代表人或者负责人姓名;(二)作为被执行人的自然人的姓名、性别、年龄、身份证号码;(三)生效法律文书确定的义务和被执行人的履行情况;(四)被执行人失信行为的具体情形;(五)执行依据的制作单位和文号、执行案号、立案时间、执行法院;(六)人民法院认为应当记载和公布的不涉及国家秘密、商业秘密、个人隐私的其他事项。"

政策工具视角下的我国乡村振兴政策的分析

王一夫[*]　汪诗屿[**]　陈文婷[***]

目　次

一、引言

农业作为我国国民经济发展的基础，历来都被我国政府所重视，从2004年到2018年的中央一号文件都是关于促进我国农业健康发展的。习近平总书记在党的十九大报告中提出："从现在到2020年……要坚定实施……乡村振兴战略。"[1]我国乡村振兴被提高到了国家战略的高度，我国政府也相应出台了各种关于乡村发展与振兴的政策。然而，已出台的乡村振兴政策的搭配是否科学合理、是否充分有效将直接影响我国乡村振兴战略的实施。为了更好地使我国乡村振兴战略得以实现，我们将进一步思考如何合理搭配这些已出台的政策，如何更好地服务我国乡村地区等。

---

* 华中师范大学信息管理学院硕士研究生，咸安区人力资源和社会保障局办事员。

** 咸安区人力资源和社会保障局办事员。

*** 武汉纺织大学设计管理学院学士，云梦县商务局助理研究员。

〔1〕 郭翔宇：《实施乡村振兴战略　加快推进农业农村现代化》，载《农业经济与管理》2017年第5期。

国内关于我国乡村振兴政策的学术研究理论成果较多。朱泽(2017 年)研究指出,“实施乡村振兴战略”充分体现了以习近平同志为核心的党中央推动“三农”工作的理论创新、实践创新和制度创新;[1] 贺雪峰(2018 年)指出,实施乡村振兴战略显然不是要对已经得到较好发展的乡村和具备较好发展资源条件的乡村进行锦上添花式的建设,而是要着力为占中国农村和农民大多数的中西部一般农业型农村地区雪中送炭;[2] 张丙宣等(2018 年)提出,新时代的乡村振兴虽然有时空差异,但是,应该从外生性发展向内生性发展转变,从经济发展向全面的可持续发展转变,需要依赖乡村内生能力的提升和乡村资源禀赋结构的升级;[3] 姜长云(2018 年)研究表明,实施乡村振兴战略,要着力提升实施乡村振兴战略的质量、效益和可持续性,努力规避战略问题战术化倾向,加强实施乡村振兴战略的顶层设计;[4] 谭诗赞(2018 年)指出,破解乡村治理场域中的分利秩序,乡村振兴通过专项治理和制度建设的协调、公民参与与社会建设的协同,营造出乡村振兴所需的新政治社会生态,从而加快乡村振兴的进程;[5] 叶敬忠(2018 年)研究提出,乡村振兴战略重视城乡融合基础上的农业农村优先发展,乡村振兴战略也以“升级版”的内容要求对“三农”各子系统作出总体部署。[6]

从政策工具的视角来分析,能够系统地反映我国乡村振兴政策整体结构。内容分析法非常适合应用于对政策文本和政策工具的分析之中,且已得到了较为广泛的应用。[7] 笔者采用内容分析法,以定量分析方式,对我国政府所颁布的有代表性的乡村振兴政策文本进行定量研究,构建符合我国国情的乡村振兴的政策体系。

[1] 参见朱泽:《大力实施乡村振兴战略》,载《中国党政干部论坛》2017 年第 12 期。

[2] 参见贺雪峰:《关于实施乡村振兴战略的几个问题》,载《南京农业大学学报》(社会科学版)2018 年第 3 期。

[3] 参见张丙宣、华逸婕:《激励结构、内生能力与乡村振兴》,载《浙江社会科学》2018 年第 5 期。

[4] 参见姜长云:《实施乡村振兴战略需努力规避几种倾向》,载《农业经济问题》2018 年第 1 期。

[5] 参见谭诗赞:《乡村振兴进程中的分利秩序挑战与治理路径》,载《探索》2018 年第 3 期。

[6] 参见叶敬忠:《乡村振兴战略:历史沿循、总体布局与路径省思》,载《华南师范大学学报》(社会科学版)2018 年第 2 期。

[7] 参见张韵君:《政策工具视角的中小企业技术创新政策分析》,载《中国行政管理》2012 年第 4 期。

二、政策工具视角下我国乡村振兴政策计量分析理论框架

(一)X 维度:基本政策工具类型维度

目前,比较公认的是由 Rothwell 和 Zegveld 提出来的政策工具分类方法。Rothwell 和 Zegveld 将基本政策工具分为供给型、需求型和环境型三种类型。[1] 笔者借鉴基本政策工具理论,根据我国乡村振兴政策的实际情况,确定我国乡村振兴的政策工具,如表 1 所示。

表 1 我国乡村振兴基本政策工具的分类及解释

类别	政策工具	定义及举例
供给型	基础设施	政府利用经济手段进行我国乡村地区基础设施建设的投入,如对乡村地区进行水利工程建设,促进乡村地区发展,推动乡村地区振兴
	信息支持	政府利用经济手段加强乡村地区信息资源的建设投入以及推动乡村地区数字信息化体系建设,如政府建立"12316"农业信息化网站,积极推动我国乡村地区信息化发展,落实乡村振兴政策
	资金投入	政府利用货币投入来完善乡村地区的市场供给,保障乡村地区市场的正常运作,如政府对乡村地区农产品进行资金投入与补贴,保障乡村地区农业健康发展,推动乡村振兴政策落实
	人才培养	政府综合利用经济手段和行政手段来培养乡村振兴现代化人才,如政府出台"三支一扶"计划,组织大学生下基层,落实我国乡村振兴政策
需求型	贸易管制	政府利用行政手段对乡村地区市场的商品交易等行为进行管理,如政府监督乡村地区产品质量,完善农产品溯源体系,推动乡村振兴政策落实
	政府采购	政府利用经济手段和行政手段购买乡村地区市场的产品以及相关服务,如政府积极购买信息科研企业开发的电子商务信息服务系统,对乡村地区电子商务活动进行管理,落实乡村振兴政策
	海外机构	政府利用经济手段联系海外科研机构进行合作,如政府积极引导信息服务公司开发乡村地区信息资源管理系统,建设乡村地区电子政务服务体系,推进我国乡村振兴政策的落实
	服务外包	政府将业务外包给外部其他专业服务提供商来完成的经济活动,如政府对乡村地区电子政务系统性服务进行招标,引导第三方专业公司来进行电子政务服务活动,完善我国乡村振兴政策体系

---

[1] See R. Rothwell, W. Zegveld, *Reindusdalization and Technology*, London, Logman Group Limited, 1985, pp. 83 – 104.

续表

类别	政策工具	定义及举例
环境型	目标规划	政府利用行政手段制定乡村地区市场发展的实施计划，如政府制定“十三五”规划，引导乡村地区经济建设的健康发展，推动我国乡村振兴政策的落实
	法制管制	政府利用行政手段保证乡村地区经济建设活动的有序进行，如政府出台电子商务数字签名法，保证乡村地区电子商务活动的正常进行，保障乡村地区经济平稳发展，落实乡村振兴政策
	策略性措施	政府提供行政手段影响市场其他成员来达到预期效果，如政府对乡村地区农民从事农业活动进行补贴，农业生产产量策略进行规划，推进我国乡村振兴政策的实施
	税收优惠	政府利用税收制度，在税收方面相应采取的激励措施，以减轻某些纳税人应履行的纳税义务，如政府引导工业品下乡，电子商务进农村，对农产品减免税收，落实我国乡村振兴政策
	金融支持	政府利用经济手段来激发金融市场发展活力，保证乡村地区市场秩序稳定，如政府给与乡村地区农民贷款和财政支持来购买农业信息生产工具，提高农业种植产量，促进乡村地区经济的可持续发展，推动我国乡村振兴政策的落实

乡村振兴基本政策工具中的供给型政策工具，是指政府通过对我国乡村地区在技术、人才、信息、资金等方面提供支持，改善乡村地区发展的基础性要素，推动我国乡村振兴政策的落实。供给型政策工具可细分成乡村地区基础设施建设、乡村地区电子信息支持、乡村地区建设资金投入以及乡村地区管理人才培养等，其中主要是以政府为主导。政府对我国乡村地区直接进行大规模的投入，此类工具的优点是效果比较明显，但存在投入成本大的缺点。

乡村振兴基本政策工具中的需求型政策工具，是指政府对乡村地区的市场采购行为各个方面进行政策支持和引导，推动我国乡村振兴政策在市场环境下有效实施。需求型政策工具可细分成政府对乡村地区市场活动进行贸易管制、乡村地区市场采购活动进行管理、乡村地区与海外机构交流与合作、乡村地区市场服务外包等方面。此类政策工具主要利用市场需求关系，其优点是保证我国乡村地区进行市场采购过程的健康稳定，但存在弹性较大的缺点。

乡村振兴基本政策工具中的环境型政策工具，是指政府为我国乡村振兴政策体系的建设与发展提供有利的政策环境，间接性对我国乡村振兴产生相应的促进作用。环境型政策工具可细分为乡村地区发展目标规划、乡村地区市场活动法规管制、乡村地区市场活动的策略性、乡村地区市场活动税收优惠、乡村地区市场活动金融支持等五个方面。此类政策工具用来调整各类市场主体基于环境资源利益的行为，其优点是有效降低政府的支出成本，但也存在约束力不强的缺点。

供给型、需求型、环境型政策工具对我国乡村振兴的作用如图1所示，供给型政策工具主要表现为对我国乡村振兴向前性的推动力，需求型政策工具主要表现为对我国乡村振兴引导性的拉动力，环境型政策工具主要表现为对我国乡村振兴发展性的影响力。

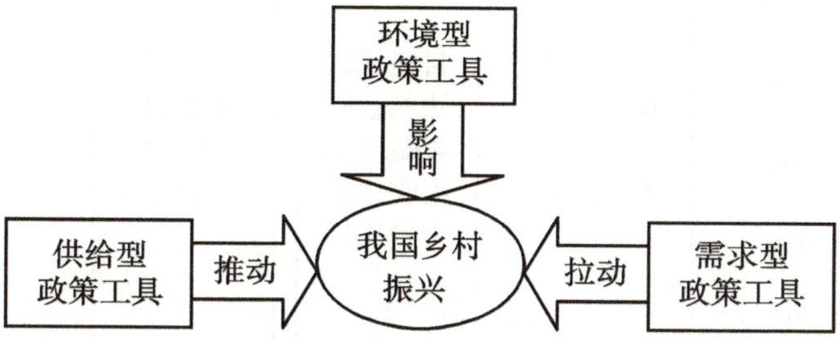

图1　政策工具对我国乡村振兴的作用方式

（二）Y维度：乡村振兴维度

基本政策工具维度可以描述我国乡村振兴政策的一般特征，可简单地描绘我国乡村振兴政策的横向发展，但对政策的分析还不够全面，特别是难以显示政策目的。为了深入研究我国乡村振兴的纵向发展，在考虑我国乡村振兴政策的同时，需要考虑乡村振兴的总体要求与合理内涵。按照我国目前乡村振兴政策的实际情况，这里将乡村振兴具体分为五个部分，即产业兴旺、生态宜居、乡风文明、治理有效、生活富裕，作为我国乡村振兴政策分析框架的Y维度，能够进一步了解我国乡村振兴的纵向发展。

产业兴旺就是要紧紧围绕促进产业发展，引导和推动更多资本、技术、人才等要素向农业农村流动，调动广大农民的积极性、创造性，形成现代农业产业体系，促进农村一、二、三产业融合发展，保持农业农村经济发展旺盛活力；生态宜居就是要加强农村资源环境保护，大力改善水电路气房讯等基础设施，统筹山水林田湖草保护建设，保护好绿水青山和清新清净的田园风光；乡风文明就是要促进农村文化教育、医疗卫生等事业发展，推动移风易俗、文明进步，弘扬农耕文明和优良传统，使农民综合素质进一步提升、农村文明程度进一步提高；治理有效就是要加强和创新农村社会治理，加强基层民主和法治建设，弘扬社会正气、惩治违法行为，使农村更和谐安定有序；生活富裕就是要让农民有持续稳定的收入来源,经济宽裕,生活便利,最终实现共同富裕。[1]

（三）二维分析框架的构建

通过对政策工具和我国乡村振兴的理论研究和深入分析,综合上述X维度和Y维度,形成我国乡村振兴政策文本分析二维框架,如图2所示。

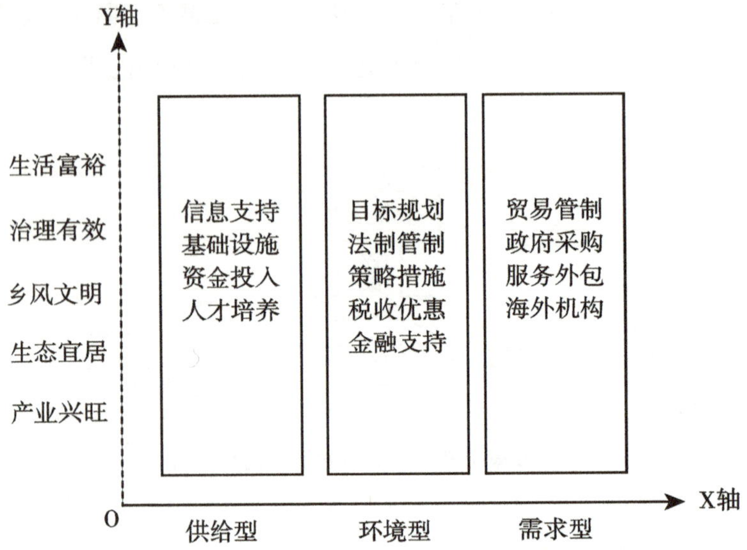

图2　我国乡村振兴政策文本分析二维框架

三、政策文本选择与统计分析

（一）政策文本的选择

2018年3月,根据第十三届全国人民代表大会第一次会议批准的国务院机构改革方案,设立中华人民共和国农业农村部,不再保留农业部。政策文本的数据主要源于"北大法宝"网站,笔者以"乡村振兴"为关键词在"北大法宝数据库"进行全文检索,检索时间为2018年6月5日,共检索出与"乡村振兴"相关的中央法规、各部级条例以及司法解释共221篇;由于收集到的政策文本数量众多,内容繁杂,为保证政策文本具有代表性、全面性和科学性,因而,选取标准如下:(1)国家层面的政策文本;(2)政策文本中"乡村振兴""乡村振兴政策"等字眼出现频次较多的政策文本;(3)法律、法规、办

[1]　参见韩长赋:《认真学习宣传贯彻党的十九大精神大力实施乡村振兴战略》,载《中国农业会计》2017年第12期。

法、规划、意见等类型的政策文本；(4)已失效的法律条文不作为研究对象。最终整理出与我国乡村振兴相关性最强的政策文本31篇(见表2)，作为研究我国乡村振兴政策的代表样本。

表2 关于我国乡村振兴的相关政策文本

序号	政策名称	发布单位	发布年份
1	中共中央、国务院关于实施乡村振兴战略的意见	中共中央、国务院	2018
2	国务院关于构建现代农业体系深化农业供给侧结构性改革工作情况的报告	国务院	2018
3	农业农村部、中国邮政储蓄银行关于加强农业产业化领域金融合作助推实施乡村振兴战略的意见	农业农村部、中国邮政储蓄银行	2018
4	商务部关于推进农商互联助力乡村振兴的通知	商务部	2018
5	国家乡村振兴战略规划(2018～2022年)	中央农村工作领导小组办公室	2018
6	全国科技助力精准扶贫工程领导小组办公室关于印发2018年全国科技助力精准扶贫工作要点的通知	中华人民共和国科技部	2018
7	农业农村部、财政部关于开展2018年国家现代农业产业园创建工作的通知	农业农村部、财政部	2018
8	中华全国供销合作总社关于加快推进再生资源行业转型升级的指导意见	全国供销合作总社	2018
9	农业农村部关于开展休闲农业和乡村旅游升级行动的通知	农业农村部	2018
10	商务部关于加快城乡便民消费服务中心建设的指导意见	商务部	2018
11	商务部办公厅、中华全国供销合作总社办公厅关于深化战略合作推进农村流通现代化的通知	商务部、全国供销合作总社	2018
12	文化和旅游部办公厅关于印发国家旅游人才培训基地2018年度培训计划的通知	文化和旅游部办公厅	2018
13	农业农村部、财政部发布2018年财政重点强农惠农政策	农业农村部、财政部	2018
14	教育部关于举办第四届中国“互联网+”大学生创新创业大赛的通知	教育部	2018
15	农业农村部关于实施农产品加工业提升行动的通知	农业农村部	2018
16	国家发展改革委关于扎实推进农村人居环境整治行动的通知	国家发展和改革委员会	2018

续表

序号	政策名称	发布单位	发布年份
17	水利部关于印发《深化农田水利改革的指导意见》的通知	水利部	2018
18	新闻出版广电总局办公厅关于推荐2018年农家书屋重点出版物的通知	国家新闻出版广电总局办公厅	2018
19	国土资源部关于全面实行永久基本农田特殊保护的通知	国土资源部	2018
20	中国银监会办公厅关于做好2018年银行业三农和扶贫金融服务工作的通知	中国银行业监督管理委员会办公厅	2018
21	水利部办公厅关于印发《2018年农村水利工作要点》的通知	水利部办公厅	2018
22	农业部办公厅、财政部办公厅关于印发《2018—2020年农业机械购置补贴实施指导意见》的通知	农业部办公厅、财政部办公厅	2018
23	国家标准委关于印发《2018年全国标准化工作要点》的通知	国家标准化管理委员会	2018
24	国家土地总督察办公室关于印发《2018年国家土地督察工作要点》的通知	国家土地总督察办公室	2018
25	中华全国供销合作总社印发关于深入贯彻落实中央一号文件大力推动乡村振兴的实施意见的通知	全国供销合作总社	2018
26	农业部办公厅关于印发《2018年农村经营管理工作要点》的通知	农业部办公厅	2018
27	农业部办公厅关于印发《2018年农业科教环能工作要点》的通知	农业部办公厅	2018
28	农业部关于大力实施乡村振兴战略加快推进农业转型升级的意见	农业部	2018
29	科技部、农业部、水利部等关于印发《国家农业科技园区发展规划(2018—2025年)》的通知	科学技术部、农业部、水利部	2018
30	农业部、国家体育总局关于进一步加强农民体育工作的指导意见	农业部、国家体育总局	2017
31	农业部办公厅关于支持创建农村一二三产业融合发展先导区的意见	农业部办公厅	2017

(二)政策文本内容编码

Nvivo 11 是实现质性分析与研究的最佳可视化工具,能够直接表明政策文本的内部结构。结合我国乡村振兴政策的实际情况,笔者将31份政策文本导入 Nvivo 11 软件,对所有涉及"乡村振兴"相关的条款进行检索,共获得373个参考点,然后对检索到的条款进行编码(见表3),共获得79个编码点。

表3 编码示例

政策工具	文本内容描述	来源
策略性措施	构建长期稳定产销衔接机制。引导农产品产销衔接机制从松散、短期、易变向紧密、长期、稳定转变。支持农产品流通企业与新型农业经营主体签订长期采购协议,发展订单农业。支持农产品流通企业或新型农业经营主体向生产或销售环节延伸产业链条,实现产加销全产业链一体化经营。支持农产品流通企业和新型农业经营主体通过参股控股、兼并收购等多种方式进行股权投资合作,实现产销优势互补、风险利益共担共享的产销衔接	《关于推进农商互联助力乡村振兴的通知》
目标规划	到2035年,乡村振兴取得决定性进展,农业农村现代化基本实现。农业结构得到根本性改善,农民就业质量显著提高,相对贫困进一步缓解,共同富裕迈出坚实步伐;城乡基本公共服务均等化基本实现,城乡融合发展体制机制更加完善;乡风文明达到新高度,乡村治理体系更加完善;农村生态环境根本好转,美丽宜居乡村基本实现。到2050年,乡村全面振兴,农业强、农村美、农民富全面实现	《中共中央、国务院关于实施乡村振兴战略的意见》(中发〔2018〕1号)
基础设施	确保完成新增2000万亩高效节水灌溉面积建设任务。进一步细化省级"十三五"总体方案,分解落实年度建设任务,扎实做好项目建设前期工作,多方筹集建设资金,制定序时进度计划,挂图作战、节点控制,按期保质完成2000万亩高效节水灌溉面积建设任务。有条件的地区整体设计、集中投入,建设一批重大高效节水灌溉工程。继续开展灌区水效领跑者行动和高效节水灌溉示范县创建活动	《2018年农村水利工作要点》(办农水〔2018〕26号)
政府采购	政府采购范围为2018年2月底前已经出版,且在市场上继续销售的音像制品和电子出版物。平均每家出版单位报送品种数量不超过5种(每个品种光盘数量一般控制在5张以内),各省(区、市)新闻出版广电局可根据本地区出版单位实际情况进行统筹调配	新闻出版广电总局办公厅《关于推荐2018年农家书屋重点出版物的通知》(新广出办发〔2018〕13号)

(三)政策工具的归类

对Nvivo 11分析出的79个编码点,先由软件进行自动聚类,再用内容分析法对具体条款进行分析;根据政策文本实际具体特征和要素,经过分类,图书馆读者权益政策文本中使用的政策工具一共可划分为11项、3大类型,如表4所示。

表4 我国图书馆读者权益政策的政策工具分类

供给型	环境型	需求型
基础设施 资金投入 科技信息 人才培养	目标规划 法制管制 策略性措施 税收优惠 金融支持	政府采购 贸易管制

在选取的31份我国乡村振兴政策文本中,供给型政策工具涉及4个具体政策工具,分别是基础设施、资金投入、科技信息、人才培养。政府通过供给型政策工具来促进我国乡村地区的建设与发展,加强科技创新和人才培养,有利于降低政府成本;环境型政策工具则使用了目标规划、法制管制、策略性措施、税收优惠、金融支持这5个具体政策工具,主要是政府通过对乡村地区市场规划、建设、运行和使用这些过程中不规范的行为进行管理,目的是保证乡村地区市场运行持续正常;需求型政策工具中的工具分别有政府采购、贸易管制这2个具体政策工具,主要是我国乡村振兴政策实施的基础和保证,能够确保政府目标的完成。

(四)政策文本的统计分析

1. 政策文本发布部门分布

表5 政策文本发布部门分布

出台部门	出台总数(份)	联合出台(份)	联合出台(比例)
中共中央	1	1	100%
国务院	2	1	50%
农业农村部	11	6	54.5%
国家发展和改革委员会	1	0	0
国家体育总局	1	1	100%
财政部	3	3	100%
中国邮政储蓄银行	1	1	100%
文化和旅游部	1	0	0
教育部	1	0	0
国家新闻出版广电总局	1	0	0
国土资源部	1	0	0
商务部	3	1	33.3%

续表

出台部门	出台总数(份)	联合出台(份)	联合出台(比例)
全国供销总社	3	1	33.3%
水利部	3	1	33.3%
中央农村工作领导小组办公室	1	0	0
科技部	2	1	50%
国家土地总督察办公室	1	0	0
国家标准化管理委员会	1	0	0
中国银行业监督管理委员会	1	0	0

从表5来看,收集的31份政策文本分别是由19个部门完成的。在这些部门中,农业农村部、财政部、商务部、全国供销总社和水利部出台的政策最多,这5个部门出台的政策数量能够在政策总数中占到58.9%。这表明政府各个政府部门积极响应国家战略,为推动乡村振兴发展目标与发展规划进行了详细地制定,农业农村部作为主管我国农业、农村、农民发展的政府部门,出台了许多关于推动我国乡村振兴发展的政策,财政部也积极配合,设立专项资金,用于乡村振兴建设。

2. 政策文本的两维交叉分布

根据政策文本在X维度与Y维度的对应关系,归类形成了我国乡村振兴政策的二维分布表,如表6所示。

表6 我国乡村振兴政策工具二维分布统计

政策工具	基础设施	资金投入	科技信息	人才培养	目标规划	法制管制	策略性措施	税收优惠	金融支持	贸易管制	政府采购	总计	比例(%)
生活富裕	2	2	1	0	2	2	2	1	1	0	0	13	16.5
治理有效	2	1	2	0	2	3	0	1	0	1	0	12	15.2
乡风文明	3	1	1	2	3	1	0	1	1	1	0	14	17.7
生态宜居	2	1	1	1	3	1	2	1	1	1	0	14	17.7
产业兴旺	5	4	3	1	3	2	2	1	2	1	2	26	32.9
总计	14	9	8	4	13	9	6	5	5	4	2	79	—
比例(%)	17.7	11.3	10.1	5.1	16.5	11.3	7.6	6.3	6.3	5.1	2.7	—	—

从表6可以得出,目标规划这一环境型政策工具,在我国乡村振兴维度中应用范围较广,且政策应用比重最大,比重为34.2%,表明政府部门很重视利用行政手段和相关措施来促进我国乡村地区的振兴与发展。我国乡村振兴政策事关全局,理应由我国政府进行规划和指导。另外,我国乡村振兴的生活富裕只涉及供给型与环境型2大类

基本政策工具,计8项具体的政策工具、13个编码点,可以看出政府部门对我国乡村地区在基础设施和资金投入方面较为关注。

四、问题与政策建议

(一)存在的问题

1. 乡村振兴政策工具的搭配不科学,使用比例失衡

从现有政策文本的归类统计数据来看,供给型政策工具使用比重为44.3%,按照三大类型均等化的思维,这个比例比较失衡。这表明供给型政策工具在推动我国乡村地区建设与发展中发挥着较大的作用。从供给型政策工具的内部工具来看,各政策工具的占比也存在不均衡,使用不合理。其中,基础设施和资金投入这两类政策工具的使用更频繁,分别占整个供给型政策工具的40.0%、25.7%。我国乡村地区既需要基础设施,也需要在现代信息技术,因此,政府在推动我国乡村地区建设与发展进程中,需要正视我国乡村地区的信息基础设施差、信息内容不丰富、信息建设难度大等问题,通过对信息支持与基础设施这2个政策工具的不断使用,来强化我国乡村地区的实地硬件基础和信息软件基础。但是,由于供给型政策工具中的人才培养使用比例不高(11.4%),降低了加强基础设施建设的可操作性,我国乡村地区的发展离不开专业人才,加强人才培养特别是现代化综合性高素质人才的培养,是加快我国乡村地区建设与发展的强有力手段。因此,人才培养这一工具在我国乡村振兴政策工具中有待进一步提升。

2. 乡村振兴政策工具的整体架构不完备,缺乏弹性

从整体来说,目前的乡村振兴政策更偏重对供给型政策工具和环境型政策工具的使用,两者所占比重之和高达92.2%,需求型政策工具应用非常少,仅为7.8%,存在较大的不足与缺失。我国乡村地区的振兴主要依靠我国政府出台相关政策来指导,缺乏海外机构等工具,就使需求型政策工具的"拉动"效应难以显现。例如,服务外包政策工具能够充分调动我国"龙头"公司进入乡村地区的市场贸易体系,引入市场竞争机制,积极调动乡村地区各项合理因素,有助于提升我国政府工作人员的服务意识,加快建立和完善乡村地区市场竞争机制,有利于推动我国乡村振兴政策的落实;海外机构政策工具有利于我国乡村地区加强对外合作,可以引进和学习其他国家的经济发展

模式，减轻政府在财政、技术、人员等方面的压力，有利于我国乡村振兴政策体系的完善。

3. 乡村振兴政策工具外部配套措施不合理，政出多门

从政策文本部门分析来看，政策文本涉及的政府部门较多，多达19个部门，政出多门，缺乏统一管理。而且国务院和农业农村部联合出台政策的比例为50%和54.5%，这些政策在后续的法律法规制定中真正实现的数量较少。从政策工具二维分布统计表来看，环境型政策工具中的目标规划占据了34.2%，说明政府重视我国乡村地区基础设施的发展。而在需求型政策工具中，贸易管制和政府采购仅占5.1%和2.7%，这说明我国乡村地区贸易市场的发展缺乏当地政府的政策指导与行为管制；而我国乡村振兴政策的治理有效所占比重最小，仅仅为15.2%，说明我国乡村地区在政策引导与治理方面，缺乏相应的配套设施和相应配套的保障机制。总之，我国在乡村振兴政策的具体实施细节方面，相关法律法规建设依然欠缺，政府部门相互配合、协调，联合实施机制有待进一步加强。

（二）政策建议

1. 科学搭配、合理使用乡村振兴政策工具，扬长避短

我国全面建成小康社会离不开乡村振兴战略的支撑，乡村地区的发展离不开乡村振兴政策的实施。乡村振兴政策的落实离不开供给型、环境型和需求型政策工具的协调使用。应当综合考虑各项政策工具在乡村振兴政策中的作用与功能、优势与劣势，在兼顾环境型政策工具的前提下，协调好供给型和需求型政策工具所占比重，以切实促进我国乡村振兴政策的贯彻与落实。一是要适当降低供给型政策工具的使用频率并优化其内部结构。政府在制定未来的乡村地区发展政策时，更应重视对人才培养、信息支持等工具的使用；应积极鼓励海外机构和各类“龙头”企业进入我国乡村地区，拓宽融资渠道，为我国乡村地区建设和发展提供尽可能多的支持；应推动我国乡村振兴战略的立法工作，将成熟有效的政策工具上升到法律层面，提高政策工具的执行力和实施效力。二是要有效加大供给型政策工具的实施力度。特别是要从中央、地方两个方面入手加大资金投入，构建多元系统的投入体系，建立多元化投入渠道。政府应积极引导海外机构参与我国乡村振兴政策体系建设，为我国广大乡村地区的健康发展创造良好环境。

2. 注重优化协调政策工具整体结构,齐头并进

从乡村振兴政策体系的整体来看,我国政策工具在产业兴旺中比例过大(占32.94%),而在治理有效中(占15.2%)和生活富裕中(占16.5%)所占比例不足,乡村地区居民收入不高,获得感较低,不利于我国乡村振兴政策体系的完善。我国乡村振兴政策的落实需要各个方面共同发展,如果乡村地区仅仅只有产业兴旺,而没有生活富裕或者不能很好地通过有效治理来保障,将会阻碍整个乡村振兴政策体系的发展与完善。因此,在我国乡村振兴政策体系的发展过程中,政府通过对资金投入、人才培养、海外机构、服务外包等政策工具的平衡使用,有利于优化我国乡村振兴政策的结构体系,促进我国乡村地区管理制度科学化、现代化和信息化的健康发展。

3. 构建各级部门配合的协同机制和长效机制,优势互补

加强对我国乡村地区建设与发展的统一管理,离不开部门之间的协同与配合。目前,我国乡村振兴政策文本的制定主体有中共中央、国务院等宏观管理部门,也有农业农村部、财政部等行业主管部门,对政策工具的科学选择和综合使用会产生不利的影响。“政出多门”将增加协调成本,政策效果也有可能受到限制;部门独自发文有可能影响政策质量,使政策易趋向片面性,政策合力难以形成。从另一方面来看,不同的政策工具对保障乡村振兴政策的实现具有不同的价值、功能。总之,一方面,应进一步明确国家农业农村部作为我国乡村地区发展和建设的主要管理部门,使其正确认识自身定位,加强相关职能的履行,切实发挥好牵头部门作用;另一方面,建立各个发展的部门间协同机制,消除专业本位,充分协调、持续优化部门间的关系,针对不同领域的政策内容,联合相应部门合作制定,提高政策工具选择使用的系统性、合理性,构筑功能互补、浑然一体的政策工具网络体系。

中国减贫法治建设

易地扶贫搬迁法律问题研究

孟庆瑜[*]　张思茵[**]

目　次

易地扶贫搬迁是精准扶贫工程"五个一批"的重要内容，其基本内涵为，针对居住在自然条件严酷、生存环境恶劣、发展条件严重欠缺地区的农村贫困人口，在建档立卡基础上实行易地搬迁安置，通过完善配套基础设施和公共服务设施、加强安置区社区管理和服务等方式，从根本上改变其生存和发展环境，从而实现搬迁人口脱贫发展。2001年《中国农村扶贫开发纲要(2001—2010年)》明确了开发式扶贫中稳步推进自愿移民搬迁的内容和途径，此后在一系列政策文件的指导下，易地扶贫搬迁由试点工程到逐步推广实施，取得了重大成效，同时也积累了广泛的经验。2015年《中共中央、国务院关于打赢脱贫攻坚战的决定》明确指出，要推进扶贫开发法治建设，善于运用法治思维和法治方式推进扶贫开发工作，切实保障贫困人口合法权益。为了贯彻以上要

* 河北大学法学院教授、博士研究生导师，河北大学国家治理法治化研究中心主任。

** 河北大学经济法学专业研究生。

求，确保易地扶贫搬迁工作的稳步实施，有必要从当前易地扶贫搬迁工作的实践现状出发，分析在易地扶贫搬迁具体实践中涉及的法律关系和面临的法律困境，并寻求有效的法治化解决方式。

一、易地扶贫搬迁的实践现状

从易地扶贫搬迁的实践依据到实践方式，考察我国易地扶贫搬迁工作的基本现状，并从中发现存在的问题，是新时期打赢脱贫攻坚战必须长期进行的基础性工作。

（一）易地扶贫搬迁政策演进特征

我国易地扶贫搬迁工作开展的依据，主要为各时期国家制定的扶贫开发纲要、易地扶贫搬迁规划等政策性文件以及各省制定的扶贫开发方面的地方性法规、地方政府规章和众多的规范性文件。

自2002年原国家计委《关于易地扶贫搬迁试点工程的实施意见》决定利用国债资金在西部地区自然条件极为恶劣的地方开展易地扶贫搬迁试点工作以来，中共中央国务院、国家发改委等部门基于不同阶段贫困特征的变化，先后制定了《中国农村扶贫开发纲要（2001—2010年）》《中国农村扶贫开发纲要（2011—2020年）》《易地扶贫搬迁"十二五"规划》《关于做好新时期易地扶贫搬迁工作的指导意见》《关于印发全国"十三五"易地扶贫搬迁规划的通知》《关于打赢脱贫攻坚战的决定》《关于打赢脱贫攻坚战三年行动的指导意见》等政策性文件，经过适时调整和不断完善，基本形成了符合我国国情的具有中国特色的易地扶贫搬迁政策体系。通过对相关政策文件的梳理，可以看出目前我国易地扶贫搬迁政策的演进特征：在搬迁方式上，体现出由自然村整体搬迁演变为到村到户到人的精准性特征。在工作机制上，强调采取建档立卡精准识别扶贫对象、多渠道筹措资金、加强考核监督推进易地扶贫搬迁工作的创新性特征。在脱贫发展上，注重通过搬迁安置与产业发展协同推进等方式加强对搬迁贫困人口后续扶持的持续性特征。

（二）易地扶贫搬迁的地方实践

1. 易地扶贫搬迁地方立法情况

根据北大法宝数据显示，目前已有19个省（自治区、直辖市）通过制定扶贫开发条例或扶贫开发办法为依法推进易地扶贫搬迁提供了基本依据；[1]除省级地方性法规和地方政府规章外，各省、市还通过众多的地方规范性文件以及地方工作文件的方式规范扶贫资金、扶贫举措等具体事项。[2] 这些法规文件除关于扶贫开发的综合性规定外，大多调整扶贫项目资金、产业扶贫、就业扶贫等具体事项，鲜有专门以易地扶贫搬迁为内容的法规和文件。由此可见，虽然国家政策和地方扶贫开发的法规文件为地方易地扶贫搬迁实践提供了总体指引，但在易地扶贫搬迁这一专项工程方面，呈现出明显政策化倾向且法律供给不足的特点。

2. 易地扶贫搬迁地方实践状况

为了帮助“一方水土养不起一方人”的地区的贫困人口摆脱贫困，各地在易地扶贫搬迁方面不断探索和实践，取得了重大进展。在易地扶贫搬迁组织管理、项目建设、搬迁安置、资金管理、部门协作等方面形成了较为规范、操作性强的工作规程和管理制度，并在体制机制上积极创新，积累了许多宝贵经验。[3] 例如，在管理体制上，湖南省政府建立了易地扶贫搬迁联席会议制度，明确了责任单位和管理体制，合力攻坚推动易地扶贫搬迁工作的组织实施；[4]在工作方法上，贵州省黔西南州探索出“四方五共”工作法，汇集政府、企业、社会等多元化力量，切实有效地解决了易地扶贫搬迁中的实

---

〔1〕 截至2018年12月11日，我国18个省(自治区、直辖市)已经制定了各自的扶贫开发条例，以地方性法规的方式为扶贫工作开展提供了基本依据，这些省(自治区、直辖市)包括：河北省、山西省、内蒙古自治区、吉林省、黑龙江省、江苏省、湖南省、湖北省、广东省、广西壮族自治区、四川省、贵州省、云南省、陕西省、甘肃省、青海省、宁夏回族自治区、重庆市。此外，福建省制定了《农村扶贫开发办法》，以地方政府规章的方式推进扶贫工作。

〔2〕 例如，《武汉市人民政府办公厅关于印发武汉市财政专项扶贫资金管理办法的通知》《西安市人民政府办公厅关于印发〈创新西安扶贫模式推进“精准扶贫＋乡村振兴”实施方案〉的通知》《内蒙古自治区人民政府办公厅关于支持易地扶贫搬迁项目有关政策的通知》。

〔3〕 参见《国家发展改革委关于印发全国“十三五”易地扶贫搬迁规划的通知》，发布时间：2016年9月20日。

〔4〕 《关于印发湖南省“十三五”时期易地扶贫搬迁实施意见的通知》，发布时间：2016年1月18日，载湖南省发展和改革委员会网站：http://fgw.hunan.gov.cn/ztzl/ydfp/201604/t20160401_3000299.html，最后访问日期：2020年1月6日。

际问题;[1]在资金筹集方面,河南省创造性地建立了"宅基地复垦券制度",[2]通过宅基地复垦券交易为河南省易地扶贫搬迁工作提供资金支持。

地方在易地扶贫搬迁实践中,基于贫困状况和发展条件的不同,探索出了各具特色的实践路径,与此同时,在易地扶贫搬迁工作中,各地都不可避免地会出现诸多问题,这些问题涉及公共权力的行使,涉及对搬迁群众合法利益的保障,需要将其纳入法治化的轨道中加以解决。

二、法律语境下的易地扶贫搬迁

从法律语境下审视易地扶贫搬迁,一方面,要分析易地扶贫搬迁中的法律关系要素;另一方面,要明确作为易地扶贫搬迁对象的贫困地区人口的基本权利,建立起易地扶贫搬迁工作规则和秩序,确保易地扶贫搬迁工作依法、有效地开展和实施。

(一)易地扶贫搬迁法律关系

易地扶贫搬迁法律关系,是在依法规范易地扶贫搬迁过程中扶贫主体与贫困主体的权利义务关系。其中,易地扶贫搬迁法律关系的主体为扶贫主体与贫困主体,扶贫主体包括政府及其他社会力量,贫困主体也即扶贫对象,是居住在自然条件严酷、生存环境恶劣、发展条件严重欠缺的农村贫困地区人口;易地扶贫搬迁法律关系的内容为扶贫主体与贫困主体之间的权利义务关系;易地扶贫搬迁的客体为主体之间权利义务所指向的对象,包括搬迁安置行为、贫困主体的权益,以及扶贫的项目资金等。[3]

(二)易地扶贫搬迁中的人权保障

易地扶贫搬迁的宗旨,是帮助农村贫困人口摆脱贫困,实现自身发展,其实质是农

---

〔1〕 "四方五共",即由政府、群众(搬迁户)、工商联盟、社会中介组成四方联盟,凡涉及用权、涉及各方利益的工作,都让四方联盟一起共商、共识、共建、共享、共担,通过共商,形成共识,合力共建,发展共享,责任共担,努力使各方利益最大化、平衡化,确保易地扶贫搬迁不留隐患,做到搬得出、稳得住,逐步能致富。

〔2〕 复垦券,是指贫困县和纳入黄河滩区居民迁建规划地区腾退的宅基地及其他农村集体建设用地扣除自身安置用地后节余的农村建设用地指标,其实质仍是增减挂钩节余指标。复垦券分为A、B两类。A类复垦券是由易地扶贫搬迁贫困户、同步搬迁户以及黄河滩区居民迁建后宅基地及相应的其他农村建设用地拆旧复垦所产生的,主要由郑州市市内五区和郑东新区、郑州经济开发区、郑州高新区范围内参与竞拍新增商品住宅用地和因规划用途调整为商品住宅用地的房地产企业(民生项目安置用地除外)竞拍土地时使用;B类复垦券是由其他农村集体建设用地拆旧复垦产生的,可由全省范围内县(市、区)政府以及政府批准的园区使用。

〔3〕 参见何平:《我国精准扶贫战略实施的法治保障研究》,载《法学杂志》2017年第1期。

村贫困地区人口的人权保障问题。我国《宪法》第33条第3款明确规定:国家尊重和保障人权。这一规定为易地扶贫搬迁提供了根本性法律依据,同时也明确了尊重和保障人权是宪法赋予公民的一项法定权利,是国家承担的一项法定义务。人权的内容具有广泛性,具体到易地扶贫搬迁当中,则主要表现为生存权、环境权和社会保障权三方面。

首先,依法推进易地扶贫搬迁是保障公民生存权的基本要求。我国宪法虽然并未明文规定公民生存权的内容,但生存权是一项不证自明、自然人与生俱来受法律保障的基本人权。[1] 广义的生存权在内容上包括生命权和延续生命的生活条件之权利以及相关方面的权利,其中生命权是最本质的生存权,而延续生命的生活条件之权利主要指吃饱穿暖的权利,相关联的权利则是指基本生存条件的保障权。[2] 将居住在生存环境恶劣地区的贫困人口迁出,使其免于地质灾害、地方病等威胁,改善生存条件,是对贫困地区公民生存权保障的基本要求。

其次,依法推进易地扶贫搬迁是维护公民环境权的题中之义。1971年召开的斯德哥尔摩人类环境会议通过的《人类环境宣言》中第1条庄严宣告:“人类有权在一种能够过得尊严的和福利的生活环境中,享有自由、平等和充足的生活条件的基本权利,并且负有保证和改善这一代和世世代代的环境的庄严责任。”[3]这一内容既是对人类享有环境权的庄严宣告,同时也表明了环境权的内涵应当在良好的生活环境中得以平等、充分的发展。作为环境权的权利主体,易地扶贫搬迁中的贫困人口由于居住地区自然资源匮乏、交通不便等原因,无法实现其在适宜环境中生存和发展的权利,通过易地搬迁安置,为其提供适宜的水土资源条件和经济发展环境,是保障贫困地区公民环境权的内在要求。

最后,依法推进易地扶贫搬迁是实现公民社会保障权的必然选择。易地搬迁扶贫是对贫困地区的扶助,属于社会保障体系下社会救助的范畴。[4] 社会保障,是指国家为了保障社会安全和经济发展而依法建立的,在公民由于年老、疾病、伤残、失业、灾

---

〔1〕 参见董和平主编:《宪法》,中国人民大学出版社2004年版,第334页。

〔2〕 参见王广辉主编:《人权法学》,清华大学出版社2015年版,第140~141页。

〔3〕 张震:《作为基本权利的环境权研究》,法律出版社2010年版,第25~28页。

〔4〕 参见李昌麒、卢代富主编:《经济法学》,厦门大学出版社2016年版,第405~413页。

害、战争等原因而发生生活困难的情况下，由国家和社会通过国民收入分配和再分配，对其提供物质帮助等，以满足公民基本生活需要的制度。[1] 在这一定义基础上，对于发生生活困难的原因应当进行扩大理解，由于居住地生存环境导致的贫困同样应当被纳入社会保障的范围。在易地扶贫搬迁中，通过配套基础设施、公共服务设施等建设，维持搬迁人口基本生活水准，并以发展生产和促进就业方式确保实现其长远发展，真正脱贫，正是公民社会保障权的具体体现。

三、易地扶贫搬迁的法律困境

为了确保到2020年农村贫困人口实现脱贫，贫困县全部脱贫摘帽，实现新时期脱贫攻坚的目标，应当依法着力解决易地扶贫搬迁过程中面临的各项法律问题，通过法治方式破解易地扶贫搬迁法律困境，为新时期打赢脱贫攻坚战保驾护航。在实践中，各地易地扶贫搬迁工作面临的情况各异，但也存在着普遍性的难题，本文主要从易地扶贫搬迁过程中的公共权力行使和公民权益保障进行分析。

（一）权力行使的依据：呈现明显的政策化倾向，法律供给不足

前文梳理了目前我国国家层面和地方层面易地搬迁扶贫的政策和法规现状，可以看出，国家层面至今尚无一部关于贫困和扶贫方面的专项立法，各项扶贫工程都是从政治和经济方面进行，地方虽然制定了相应的扶贫开发条例，但是涵盖范围有限且不够详尽，不能满足易地扶贫搬迁工作开展的需要。[2] 由于易地扶贫搬迁中贫困主体对搬迁过程中是否保留原有权益以及搬迁后能否保障基本生活都存在较大疑虑，单靠基层扶贫主体的人情劝说远不符合脱贫攻坚的目标和要求，导致易地扶贫搬迁实施和管理工作面临相当大的阻力，法治供给亟待加强。

（二）权力行使的方式：存在违背合理性和正当性原则的“指标扶贫”“过度兜底”等现象

当前，各地的扶贫工作开展得如火如荼，为了表明扶贫攻坚的决心和信心，全国中西部多个省份在国家现行的扶贫考核标准基础上纷纷立下“军令状”，并以此督促和激

---

[1] 参见杨紫烜主编：《经济法》，北京大学出版社、高等教育出版社1999年版，第495页。

[2] 从现有的各省关于扶贫开发的立法来看，各省级地方性法规的条文数量普遍偏少，并且在一部地方性法规当中仅有个别条文中涉及“易地搬迁扶贫”内容，不足以满足易地扶贫搬迁工作的开展需要。

励各级党委和政府切实履行职责，推进易地扶贫搬迁取得实效。值得关注的是，部分市、县在全力落实易地扶贫搬迁政策文件，积极完成各项扶贫任务和考核指标的同时，无视合理性和正当性原则的要求，存在“指标扶贫”“过度兜底”“悬崖效应”等问题。例如，过分强调搬迁指标不考虑个别农村人口的贫困状况；为了完成上级下达的指标任务而“突击”花钱；[1]为了加强监督而频繁检查，大搞检查评比；[2]为了早日脱贫摘帽而脱离地方财政能力，贸然开展项目，甚至借钱扶贫等。[3] 以上种种，导致了过高的行政成本和耗费，是对扶贫资源的极大浪费。

（三）权力行使的界限：出现权力滥用、以权谋私的职务犯罪行为

在易地扶贫搬迁领域，由于农村贫困地区人口普遍维权意识不强、有的基层扶贫工作人员法律意识淡薄、扶贫资金管理运行不够透明等原因，虚报冒领、套取侵吞、截留私分扶贫资金等职务犯罪呈高发之势，有的地方存在扶贫资金难以真正惠及贫困地区、贫困人口的情况，扶贫效果大打折扣。

（四）由于扶贫对象识别的精准性不足，导致公民住房权益限缩和不平等现象

精准扶贫精准脱贫基本方略的首要标准就是扶持对象精准。但在实践中，由于有的地方对扶贫对象识别不够精准，个别贫困县的搬迁指标与当地贫困情况不相一致，为了达到搬迁的指标任务，不贫困人口“被贫困”现象时有发生，[4]这些不贫困人口被迫搬离故土，人均25平方米的安置房相较农村庭院式住房条件而言不升反降。与此同时，搬迁指标分配不合理导致真正贫困人口未能享受扶贫政策措施带来的优惠，与扶贫战略目标背道而驰。一方面，这违背了易地扶贫搬迁的群众自愿原则；另一方面，这是对公民住房权益的限缩，既不符合政策的要求，也违背了法治的精神。

---

〔1〕 参见《“指标扶贫”带偏了脱贫攻坚》，发布时间：2018年9月14日，载新华网：http://www.xinhuanet.com/politics/2018-09/14/c_1123427586.htm，最后访问日期：2020年1月6日。

〔2〕 参见《扶贫评比半年5次，一次迎检20万！这是扶的什么贫?》，发布时间：2017年12月8日，载法制网：http://www.legaldaily.com.cn/index/content/2017-12/08/content_7415087.htm? node=20908，最后访问日期：2020年1月6日。

〔3〕 参见《“过度兜底”源于“脱贫急躁症”》，发布时间：2018年7月22日，载中国农村网：http://www.crnews.net/xwn/htysj1/99887_20180722074545.html，最后访问日期：2020年1月6日。

〔4〕 参见曾富生、朱启臻：《整村搬迁移民扶贫中存在的问题及对策》，载《西北农林科技大学学报》（社会科学版）2006年第3期。

(五)由于政策执行偏差,导致公民土地权益受损

搬迁后的宅基地、耕地权益归属问题,是贫困人口最关注的问题,也是影响搬迁意愿的重要因素之一。关于搬迁后的宅基地问题,根据我国《土地管理法》的规定,农村居民实行"一户一宅",搬迁群众在安置区获得新的宅基地并建设住房后,依照法律规定应当退出宅基地。[1] 关于搬迁后的耕地权益,即搬迁人口的土地承包经营权问题,对搬迁后原有耕地,原则上采取在迁出区统一流转,搬迁群众收取租金的方式保障其基本权益,但在土地流转过程中存在着有的乡镇村政府干预过多,有的搬迁人口并非出于自愿,并且由于对法律法规内容的不了解,在出现土地流转纠纷时难以维护自身权益。此外,在"插花式"搬迁情形下,存在搬迁人口在安置区无地可耕,仍需要回迁出区承包地耕作,加大了农业生产成本。

(六)由于配套设施、公共基础服务设施不健全,导致后续社会保障难以跟进

在易地搬迁扶贫中,"搬得出"是第一步,也是当前最受关注的一步,而"稳得住""能致富"则是决定扶贫攻坚最终成败的关键之举。虽然政策层面对完善配套设施、公共基础服务设施提出了明确要求,但部分贫困地区碍于地方财力有限,相关的教育、医疗等设施建设难以跟进,或者由于地方特色产业发展条件限制,带动能力不强,对搬迁人口的后续扶持不到位,导致搬迁人口的就业生存难以为继,社会保障权难以实现,甚至面临着脱贫后的返贫危险。

四、破解易地扶贫搬迁难题的法治之道

易地扶贫搬迁是一项需要多主体配合,多方面支持的系统性工程,其中扶贫主体及责任、贫困主体及权利、扶贫原则和措施、扶贫的资金来源和管理等都需要法律进行规范和调整。[2] 针对异地扶贫搬迁过程中存在的问题,应当加强立法供给,建立和完善权力运行和权利保障机制,实现易地搬迁扶贫规范化和现代化。

(一)强化易地搬迁扶贫立法保障

《中国农村扶贫开发纲要(2011—2020年)》对加快扶贫立法,使扶贫工作尽快走

---

〔1〕 参见《中国的异地扶贫搬迁政策》,发布时间:2018年3月,载国家发改委网站:http://dqs.ndrc.gov.cn/gzdt/201803/t20180330_881335.html,最后访问日期:2020年1月6日。

〔2〕 参见李昌麒:《中国实施反贫困战略的法学分析》,载《法制与社会发展》2003年第4期。

向法制化轨道提出了明确要求。易地搬迁扶贫属于扶贫领域的专项工程之一,因此,应当在未来制定的扶贫法律当中以专章规定易地扶贫搬迁的相关内容,依法确立易地扶贫搬迁和安置的基本原则、搬迁各主体的权利义务、搬迁工作管理体制和运行机制,为易地扶贫搬迁提供位阶更高、效力更强的法律依据。在地方立法方面,应当整合现有的政策和工作文件,修订完善地方性法规,及时制定易地扶贫搬迁省级和市级地方政府规章,对易地扶贫搬迁的方式、安置方式、安置区选择、迁出区土地及生态治理、安置区后续建设任务和目标、易地扶贫搬迁各级主体违法责任作出详细规定,将地方在易地扶贫搬迁中积累的有益经验通过立法形式固定下来,对国家级扶贫立法中不适宜规定的富有地方特色的工作方法以地方立法形式加以确认并在本区域范围内推广实施。强化易地扶贫搬迁立法保障,最终形成法律与政策衔接一致、国家立法与地方立法协调配合的政策法规体系。

(二)依法确立易地搬迁扶贫对象精准识别、动态调整、退出评估机制

要将精准扶贫和精准脱贫战略贯穿易地搬迁扶贫全过程,分别制定贫困县、贫困村、贫困户认定标准,综合考虑贫困户人均收入水平、住房条件、身体健康状况、劳动能力、子女入学情况、参保情况等因素建立认定体系;[1]将贫困人口、致贫原因、帮扶主体、脱贫措施等信息及时录入扶贫信息系统;全程跟踪扶贫对象的贫困状态,依照贫困程度不同、脱贫成效不同进行标注和区分;严格按照"两不愁、三保障"的要求,[2]实行扶贫工作年度考核和扶贫信息调整更新;由各地吸收民政部门、财政部门、教育部门、医疗部门等多主体参与制定更加细化的脱贫标准,建立囊括退出目标、退出时序、退出步骤、评价标准与退出方法、奖励措施等内容的退出评估机制,在客观评估和验收基础上及时将已脱贫人口退出扶贫范围,同时应当充分考虑脱贫人口的后续发展问题,在一段时期内保持原有的优惠政策,严防脱贫后返贫现象。

(三)建立权力行使监督制约机制,预防惩治易地扶贫搬迁领域职务犯罪

针对易地搬迁扶贫过程中权力主体行权不规范、不合理、不合法的问题,应当从以

---

〔1〕 参见王春蕊:《易地扶贫搬迁困境及破解对策》,载《河北学刊》2018 年第 5 期。

〔2〕 "两不愁、三保障",即确保贫困人口不愁吃、不愁穿;保障贫困家庭孩子接受九年义务教育,确保有学上、上得起学;保障贫困人口基本医疗需求,确保大病和慢性病得到有效救治和保障;保障贫困人口基本居住条件,确保住上安全住房。

下三个方面加强监督制约和惩治：第一，依法推进信息公开，保障贫困主体的知情权和监督权，尤其是加强乡镇政府信息与村务信息公开。根据我国《政府信息公开条例》第20条的规定，行政机关应当主动公开财政预算、决算信息，扶贫、教育、医疗、社会保障、促进就业等方面的政策、措施及其实施情况。足见关于易地扶贫搬迁工作开展的进度情况、扶贫资金使用和管理情况等都应该及时、准确公开；最高人民检察院发布的扶贫开发领域典型职务犯罪案件呈现的一大特点是扶贫开发职务犯罪案件多发生在基层，且涉案人员多为村"两委"成员和村组干部，[1]究其原因，很大程度上是村务管理不规范、财务信息不透明导致的，因此要通过规范村财务信息公开和管理，对农村财务公开和管理严密监督，确保国家扶贫政策不缩水，扶贫资金发到位。第二，强化监察机关的监察和问责。充分发挥监察委员会和监察专员在易地扶贫搬迁领域的监督检查职责，探索监察职能向基层和村居延伸的途径，借助"互联网+"和大数据等先进手段实现监察精准化，对地方政府及基层扶贫主体不履行或者不正确履行扶贫义务、不充分落实扶贫政策、不严格审核把关等失职失责行为要深入调查，严肃处理，加强行政问责，确保易地扶贫搬迁工作中所有行使公权力的主体和行为都被纳入监察范围。第三，预防和惩治扶贫领域职务犯罪案件。各级检察机关要加强易地扶贫搬迁领域职务犯罪的预警和法律宣传，强化扶贫主体的法律意识，聚焦易地扶贫搬迁扶贫对象识别、扶贫资金运转、扶贫项目开展等扶贫设施建设中最容易滋生腐败的环节，结合当地实际对重点易地扶贫搬迁项目实行挂牌督办，同时，要以零容忍态度严查易地扶贫搬迁中的职务犯罪行为，对其及时作出起诉或者不起诉决定，将危害减至最小；审判机关应依法审判职务范围案件，综合考虑职务犯罪行为的情节和危害性，作出合法、合理的判决、裁定，为易地扶贫搬迁项目的顺利开展，为扶贫资金的安全运行提供有力的司法保障。

（四）依法保障贫困主体合法权益

贫困主体在经济实力、社会地位、综合素质等方面处于劣势地位，改善这一劣势地位也正是易地扶贫搬迁项目开展的目的所在，但在具体操作中却出现损害贫困主体住房权益、土地权益以及社会保障权益的困境，要摆脱这一困境，一方面，要提高政府决策的科学化、法治化水平，从源头上避免对贫困主体合法权益的侵害，这也是精准施策

---

[1] 参见《最高检发布8件扶贫开发领域职务犯罪典型案件》，发布时间：2017年1月5日，载人民网：http://legal.people.com.cn/n1/2017/0105/c42510-29002249.html，最后访问日期：2020年1月6日。

的要求;另一方面,应当完善贫困人口法律援助制度,使其在合法权益受到侵害时能够及时获得法律帮助。

1. 能够有效提供公共产品、高效便民提供公共服务是新时代法治政府建设的要求,作为易地扶贫搬迁中扶贫核心力量的各级政府,在进行相关决策时要做到权限合法、实体合法、程序合法,同时,要通过公众参与、专家论证、风险评估、合法性审查以及集体决策的程序提高决策的科学化水平。[1] 以土地政策为例,《关于打赢脱贫攻坚战的决定》中"完善扶贫开发用地政策""在连片特困地区和国家扶贫开发工作重点县开展易地扶贫搬迁,允许将城乡建设用地增减挂钩指标在省域范围内使用"等内容,表明了土地政策在易地扶贫搬迁中的新定位和新功能。[2] 从法治角度来讲,依托土地政策的制定和实施,推动扶贫工作的顺利开展,保障贫困主体的合法权益,要求各省、市在严格贯彻《国民经济和社会发展第十三个五年规划纲要》、国土资源部印发的《国土资源"十三五"规划纲要》中关于土地管理和利用政策要求的基础上,研究制定本地区范围内的易地扶贫搬迁土地管理办法或实施意见,以土地立法形式支撑易地扶贫搬迁的用地需求和资金需求,同时,在相关法律文件中应当明确规定明确国土资源部门进行土地决策时应当征求发改、扶贫、金融等部门意见,推进耕地占补平衡和城乡建设用地增减挂钩项目实施,对易地扶贫搬迁中贫困群体进行安置应当提前谋划土地供给以支持安置区后续产业发展,加强土地流转交易平台建设和管理等内容,确保土地政策科学合理、贫困人口土地权益得到有效保障。

2. 加强对贫困地区人口法律援助是法律扶贫的重要体现,也是易地扶贫搬迁中保障贫困人口合法权益的坚强防线。基于易地扶贫搬迁中贫困人口的法律需求特点,着重在易地扶贫搬迁迁出区和安置点开展有关土地流转、劳动与社会保障、教育、医疗等与贫困人口生产生活密切相关的法律援助宣传,办理法律援助案件,及时化解易地扶贫搬迁中的矛盾和纠纷,让每一个扶贫对象通过法律援助感受到公平正义。加强法律援助实施,鼓励、支持和引导律师、法律工作者、高校法学专业学生志愿者到贫困地区开展法律服务,扩大法律援助的实施主体范围和援助对象范围,加强法律援助案件办案经费保障,发挥法律援助制度在易地扶贫搬迁中的助推器作用,为贫困人口在易地

---

〔1〕 参见马怀德:《新时代法治政府建设的意义与要求》,载《中国高校社会科学》2018 年第 5 期。

〔2〕 参见郑子敬:《扶贫开发进程中的土地政策》,载《中国土地》2016 年第 11 期。

扶贫搬迁中的合法权益筑牢防护墙。

五、结论

作为脱贫攻坚战的头号工程，易地扶贫搬迁关涉贫困地区人口的生存权、环境权以及社会保障权等基本权利的实现，从根本上属于人权保障问题，因此，其离不开法治作用的发挥。基于各地在易地扶贫搬迁实践中面临的普遍问题，应当强化法治思维和法治方式，从加强法律供给、建立扶贫对象精准识别、动态调整和精准退出机制、规范权力行使、保障贫困主体合法权益方面切实解决易地扶贫搬迁法律问题，推动易地扶贫搬迁工作稳固实施，确保达到良好的扶贫效果，真正落实“挪穷窝、换穷业”的精神和目标，实现脱贫攻坚战最终胜利。

协同推进资产收益扶贫的基本路径*

杨青贵**

目　次

资产收益扶贫,是一项能够对相关传统理论和制度带来一定挑战的创新性实践,也是一项能够致力于脱贫攻坚,实现“造血式”扶贫的重大探索,更是实现精准扶贫与乡村振兴战略有效衔接的重要抓手。从各地有关资产收益扶贫的报道来看,国内有关资产收益扶贫实践探索的信息,自2017年以来呈现出爆发式增长;从各地有关资产收益扶贫的实际运行情况来看,资产收益扶贫实践探索利弊共存。资产收益扶贫在地方实践探索中所取得的成效,仍然是改革探索的主要方面,并逐渐彰显出资产收益扶贫的强大生命力和科学发展性。资产收益扶贫应当面向精准扶贫与乡村振兴战略的有效衔接以及2020年后的减贫战略,从资产收益扶贫的地方实践探索中找出一条科学的经验路径,并以之为基础从思想、理念、制度、发展等多维视角,探寻协调推进资产收益扶贫的基本路径。

---

* 本文系2018年重庆市社会科学规划项目“宅基地‘三权分置’的地方实践及其制度规范”(2018YBFX019)的研究成果。

** 重庆市人文社科重点研究基地西南政法大学中国农村经济法制创新研究中心副主任,经济法学院副教授。

一、经验路径:资产收益扶贫的实践探索

(一)资产收益扶贫的实践概况

截至2016年,中央财政在原有浙江省、宁夏回族自治区2个试点省份的基础上,新增河北省、辽宁省、江苏省、安徽省、江西省、山东省、河南省、广东省、广西壮族自治区、贵州省、云南省11个省份开展资产收益扶贫试点探索。截至2019年7月,全国绝大多数的省、自治区、直辖市都直接或者以农村"三变"、农村集体产权制度改革为契机,开展了资产收益扶贫的探索。如表1所示,据不完整统计,我国除台湾省和香港特别行政区、澳门特别行政区外,我国22个省、5个自治区、1个直辖市(重庆市)在近年来均开展了资产收益扶贫的探索。其中,重庆市石柱县石家乡、云南省罗平县阿岗镇等5个地方的实践探索,还入选财政部向各地推荐的资产收益扶贫典型案例。

表1　全国各行政区划开展资产收益扶贫情况[1]

区域类型	行政区域	是否有资产收益扶贫的信息	区域类型	行政区域	是否有资产收益扶贫的信息
4个直辖市	北京市	否		湖南省	是
	天津市	否		广东省	是
	上海市	否(有支援开展资产收益扶贫信息)		海南省	是
	重庆市	是		四川省	是
23个省	河北省	是		贵州省	是
	山西省	是		云南省	是
	辽宁省	是		陕西省	是
	吉林省	是		甘肃省	是
	黑龙江省	是		青海省	是
	江苏省	是		台湾省	否
	浙江省	是	5个自治区	内蒙古自治区	是
	安徽省	是		广西壮族自治区	是
	福建省	是		西藏自治区	是
	江西省	是		宁夏回族自治区	是
	山东省	是		新疆维吾尔自治区	是
	河南省	是	2个特别行政区	香港特别行政区	否
	湖北省	是		澳门特别行政区	否

〔1〕 笔者于2019年7月30日,以"×××省/自治区/直辖市　资产收益扶贫"为搜索词,在百度搜索引擎上搜索后根据搜索结果整理。

(二)资产收益扶贫的立法概况

法治是改革发展的稳定器,也是经济社会可持续发展的重要保障。将资产收益扶贫纳入法治轨道,也成为许多地方在开展实践探索中的基本思路。截至2019年7月,全国共有广西壮族自治区、山西省、甘肃省、贵州省、新疆维吾尔自治区等5个省级地方在地方立法即地方性法规中明确规定资产收益扶贫(尚无地方在地方政府规章中规定)。分别如下:

2017年修订的《广西壮族自治区扶贫开发条例》第30条明确提出,“各级人民政府可以依法通过创新农村集体资产管理、贫困户资产经营、土地经营权流转、财政资金投入等方式,按照资源变资产、资金变股金、农民变股东的模式,发展资产收益扶贫,增加贫困村、贫困户资产收益”。

《山西省农村扶贫开发条例》第15条规定,“县级以上人民政府应当支持开展资产收益扶贫,增加贫困户、贫困村资产收益”。

2017年修订的《甘肃省农村扶贫开发条例》指出,要“引导、支持扶贫对象利用本地资源优势,培植壮大特色优势产业,扶持有助于带动和帮助扶贫对象脱贫致富的龙头企业、农民专业合作社和家庭农场,开展光伏扶贫、电商扶贫、旅游扶贫、资产收益扶贫,增加扶贫对象收入”。

《贵州省大扶贫条例》将“产业扶贫、资产收益扶贫和扶贫产业政策性保险补助”作为财政专项扶贫资金的主要用途。

《新疆维吾尔自治区农村扶贫开发条例》第26条规定,“各级人民政府可以依法通过创新农村集体资产管理、贫困户资产经营、财政资金投入等方式,按照资源变资产、资金变股金、农民变股东的模式,开展资产收益扶贫,增加贫困户、贫困村资产收益”。

此外,前述中开展资产收益扶贫的22个省、5个自治区、1个直辖市(重庆市)大都出台了开展资产收益扶贫的指导意见等规范性文件,或下发资产收益扶贫的实施方案等重要文件,以推动资产收益扶贫的实践探索。例如,江西省按照财政部、农业部、国务院扶贫办《关于做好财政支农资金支持资产收益扶贫工作的通知》要求,立足实际,“在赣州市的宁都县、寻乌县、石城县和吉安市的井冈山市、吉安县共5个贫困县开展资产收益扶贫试点，每个县资金1000万元”。[1]

（三）资产收益扶贫的运行情况

从相关新闻报道来看，大致从2017年以来，基本上前述开展资产收益扶贫的22个省、5个自治区、1个直辖市（重庆市）纷纷推动开展了资产收益扶贫的探索，并且许多地方的资产收益扶贫的实践探索呈多点开花的现状。从当前各地开展资产收益扶贫的实施效果来看，无论在服务于精准扶贫方面，还是在促进农村“三变”改革，有效衔接乡村振兴战略方面，各地开展的资产收益扶贫实践探索大都取得了较好的实践效果。同时，中央层面也在不断肯定和推动资产收益扶贫的实践探索。例如，2018年年初，财政部下发通知，将重庆市石柱县石家乡与云南罗平县阿岗镇“支部＋合作社＋基地＋农户”等5个地方的财政支农资金支持资产收益扶贫的典型做法，向全国财政系统进行推荐。[2]

从实践来看，资产收益扶贫的实践探索取得重大成效的原因是多方面的。这也是协调推进资产收益扶贫的重要基础和经验借鉴。主要包括：一是受到2017年5月31日财政部、农业部、国务院扶贫办印发的《关于做好财政支农资金支持资产收益扶贫工作的通知》（财农〔2017〕52号）的重大影响和推动。该通知明确提出，要进一步做好财政支农资金支持资产收益扶贫工作，以帮助贫困群众增收脱贫，具体要求是：“紧密结合产业发展，完善制度建设和风险管控，规范、健康、有序推进资产收益扶贫”，具体明确了资产收益扶贫的总体要求，明确资产范围，要求抓好组织实施，强化保障措施。财政部也印发了《中央财政专项扶贫资金管理办法》，规范地推动了资产收益扶贫。二是中央财政的投入，极大地推动了资产收益扶贫的开展。例如，四川省剑阁县2017年资产收益扶贫项目获得的中央财政资金为180万元，[3]2018年获得用于开展资产收益

---

〔1〕　江西省扶贫办公室：《关于省政协十二届一次会议第20180489号提案的答复》，载江西省人民政府网：http://www.jiangxi.gov.cn/art/2018/11/30/art_13365_407453.html，最后访问日期：2020年1月8日。

〔2〕　参见陈富勇：《资产收益扶贫重庆有了全国样板》，载华龙网：http://cq.cqnews.net/html/2018－03/10/content_43958008.htm，最后访问日期：2020年1月8日。

〔3〕　参见剑阁县财政局：《关于2017年中央财政专项扶贫资金项目的公示》，载百度网：https://www.baidu.com/link?url=IiGuhblj_vB3v691vQTC8WOSVu2R0KRr_weRMm-eVH_tD8FOYzFymEyNVnb10YQE5TCPQu7VZo-OySva2dlMHq&wd=&eqid=c54c28ab0000af1d000000055d3fc373，最后访问日期：2020年1月8日。

扶贫的省级财政专项扶贫资金的金额为70万元,[1]极大助推了剑阁县的资产收益扶贫项目发展。三是农村"三变"改革和农村集体产权制度改革在各地的蓬勃开展,也为资产收益扶贫提供了重要的契机和"平台"。四是各地对资产收益扶贫的重要性和价值性有了进一步认识,促进了资产收益扶贫的广泛开展。

二、思想路径:贯彻落实习近平总书记关于扶贫工作重要论述

(一)深入把握习近平总书记关于扶贫工作重要论述价值

习近平总书记关于扶贫工作的重要论述是在长期的扶贫开发实践中提出的,其将马克思主义反贫困理论与中国实践密切结合,形成马克思主义反贫困理论中国化的最新成果。习近平总书记关于扶贫工作的重要论述为我国打赢脱贫攻坚战提供了行动指南和根本遵循,为全球贫困治理提供了"中国智慧";其既是大力实施精准扶贫战略的思想来源和理论依据,也为开展资产收益扶贫提供了行动指南和根本遵循;[2]其从我国的扶贫实际出发,从找准扶贫对象,到摸清致贫原因,要求因地制宜、分类施策,开展针对性帮扶,实现精准扶贫、精准脱贫。从脱贫攻坚的内容来看,习近平总书记关于扶贫工作重要论述集中体现在对"扶持谁""谁来扶""怎么扶""如何退"四个核心问题的阐述上。各地在资产收益扶贫的实践探索中,积极贯彻落实习近平总书记关于扶贫工作重要论述,为资产收益扶贫等精准扶贫取得预期成果和显著成效,奠定了重要的基础,提供了方向指引。

(二)及时贯彻落实习近平总书记关于扶贫工作重要论述

在包括资产收益扶贫在内的精准扶贫实践中,及时贯彻和坚决落实好习近平总书记关于扶贫工作重要论述。党的十八大召开以来,各地按照中央部署积极开展包括资产收益扶贫在内的精准扶贫实践,及时、积极贯彻落实习近平总书记关于扶贫工作重要论述。从习近平总书记在湖南湘西考察时首次提出"精准扶贫",到《中共中央、国务院

---

〔1〕 参见剑阁县财政局:《关于2018年省级财政专项扶贫资金(资产收益扶贫资金)分配方案的公示》,载剑阁县人民政府网:http://www.cnjg.gov.cn/articleinfo.aspx? id=43291,最后访问日期:2020年1月8日。

〔2〕 杨青贵、吴大华:《深入实施大扶贫战略行动的几点思考》,载《贵州日报》2018年7月3日,第11版。

关于打赢脱贫攻坚战的决定》的发布，再到《中共中央、国务院关于实施乡村振兴战略的意见》的发布和实施，习近平总书记就扶贫工作做了多次讲话，形成了系统的习近平总书记关于扶贫工作重要论述，指导了资产收益扶贫等精准扶贫工作的有效开展。例如，2018 年 9 月 21 日，习近平总书记主持中共中央政治局第八次集体学习时强调，"乡村振兴战略是党的十九大提出的一项重大战略，是关系全面建设社会主义现代化国家的全局性、历史性任务，是新时代'三农'工作总抓手"。"打好脱贫攻坚战是实施乡村振兴战略的优先任务。"国务院及相关部门、全国各省自治区直辖市围绕习近平总书记就乡村振兴和精准扶贫的重要指示，贯彻落实到资产收益扶贫等精准扶贫实践探索中。

（三）将习近平总书记关于扶贫工作重要论述纳入中央文件

习近平总书记关于扶贫工作重要论述已经成为习近平新时代中国特色社会主义思想的重要内容，被纳入中央出台的精准扶贫相关文件规定中，为各地开展资产收益扶贫提供了方向指引和根本遵循。各地将习近平中国特色社会主义思想以及中央相关文件要求作为资产收益扶贫的依据，积极推进资产收益扶贫实践探索。

安徽省省财政厅于 2019 年 3 月 29 日印发的《资产收益扶贫工程实施办法》明确要求，"以习近平新时代中国特色社会主义思想和党的十九大及十九届二中、三中全会精神为指导，学习领会习近平总书记关于扶贫工作和巡视工作的重要论述"，推进资产收益扶贫。

广东省农业厅、广东省财政厅、广东省扶贫开发办公室印发的《关于做好新时期精准扶贫精准脱贫资产收益扶贫工作的指导意见》强调，"以习近平新时代中国特色社会主义思想为指导，深入贯彻习近平总书记对广东重要指示批示精神，深入贯彻精准扶贫、精准脱贫基本方略，探索开展财政扶贫资金项目资产收益扶贫新模式"。

河北省财政厅、河北省农业厅、河北省扶贫开发办公室印发的《关于推进财政支农资金支持资产收益扶贫健康发展的实施意见》要求，"深入贯彻落实党中央、国务院《关于打赢脱贫攻坚战的决定》和省委、省政府《关于坚决打赢脱贫攻坚战的决定》部署，按照财政部、农业部、国务院扶贫办《关于做好财政支农资金支持资产收益扶贫工作的通知》（财农〔2017〕52 号）要求，充分运用财政支农资金，推进全省资产收益扶贫工作更好发展"。

山西省人民政府办公厅印发的《关于开展资产收益扶贫试点的指导意见》提出，“深入贯彻《中共中央、国务院关于打赢脱贫攻坚战的决定》（中发〔2015〕34 号）精神，推进精准扶贫、精准脱贫，探索资产收益扶贫制度”。

重庆市巴南区人民政府印发的《巴南区农业项目财政补助资金股权化改革实施方案》，要求“深入贯彻党的十八大和十八届三次、四次、五次中全会和 2016 年中央一号文件精神，创新财政投入机制，探索农民合作社带动农民增收，促进农村集体经济组织发展的具体形式”。

（四）以习近平总书记关于扶贫工作重要论述为指导思想

习近平总书记关于扶贫工作重要论述作为习近平新时代中国特色社会主义思想的有机构成，成为指导贫困地区打赢脱贫攻坚战的理论法宝。习近平总书记关于扶贫工作重要论述在各地精准扶贫实践中得到直接的运用，成为各地开展资产收益扶贫并取得较好成效的根本保障。习近平总书记关于扶贫工作重要论述已经被明确写入中央和部分地方出台的资产收益扶贫相关文件。例如，财政部、农业部、国务院扶贫办于 2017 年 5 月 31 日印发的《关于做好财政支农资金支持资产收益扶贫工作的通知》明确将“深入贯彻习近平总书记系列重要讲话精神和治国理政新理念新思想新战略，统筹推进‘五位一体’总体布局和协调推进‘四个全面’战略布局”作为指导思想。江西省发展改革委印发的《江西省水电矿产资源开发资产收益扶贫改革试点实施方案》要求，以“深入贯彻习近平总书记系列重要讲话精神，认真落实党中央、国务院和省委、省政府打赢脱贫攻坚战的决策部署”作为指导思想，开展资产收益扶贫改革试点。

三、理念路径：确立以“五大发展”为核心的理念

（一）将“五大发展理念”作为实践指导

习近平总书记在 2015 年 10 月 29 日召开的党的十八届五中全会第二次全体会议上明确提出“五大发展理念”，即创新、协调、绿色、开放、共享的发展理念。“五大发展理念”在宏观层面指明了我国经济社会发展的思路、方向和着力点，在中观层面成为我国各项重大改革战略和部署的“指挥棒”“红绿灯”，在微观层面成为包括资产收益扶贫在内的各地开展具体实践探索的理论依据和评价标准。从实践来看，“五大发展理念”已经成为各地开展资产收益扶贫实践探索的基本遵旨，为资产收益扶贫实践发展提供

了指引和保证。"五大发展理念"已被明确作为资产收益扶贫相关规范性文件的指导思想予以贯彻落实。例如,2017 年 5 月 31 日,财政部、农业部、国务院扶贫办印发的《关于做好财政支农资金支持资产收益扶贫工作的通知》在指导思想中,明确提出"牢固树立和贯彻落实创新、协调、绿色、开放、共享的发展理念"。

(二)创新发展是资产收益扶贫的动力

在各地实践探索中,不仅将"五大发展理念"有效融入资产收益扶贫相关规范性文件,更将"五大发展理念"有效融入了资产收益扶贫的改革实践探索中。创新发展是资产收益扶贫实践探索的动力所在,也是资产收益扶贫具备生命力和可持续性的主要依赖。从各地的探索来看,资产收益扶贫实践不仅对股权、土地权利等方面相关传统理论和制度做了一定的突破性发展,而且还在立足本地实际进行了一定的创新。例如,在扶贫资源的投入中,广西壮族自治区、云南省等地允许资源类资产开展资产收益扶贫。云南省人民政府办公厅印发的《关于推进财政支农资金形成资产股权量化改革的意见》规定,"水电资源开发领域的资产,农民承包的土地经营权、林权和农村集体资产,各地可根据实际情况纳入资产收益扶贫范围"。再如,海南省人民政府办公厅印发的《关于开展资产收益扶贫试点工作的实施意见》规定,贫困户可以将承包地经营权(原表述为土地承包经营权)、住房财产权、林地经营权等资产,贫困村可以将集体经营性资产纳入资产收益扶贫范围。再如,在关于扶贫股的探索中,许多地方根据实际,采取了扶贫股额所有与收益相分离的做法,将扶贫股的收益权在一定期限内给予贫困户并设置脱贫巩固期;有些地方则引导贫困户将到户贫困资金投入资产收益平台,使贫困户获得相应的扶贫股股权。

(三)协调发展是资产收益扶贫的方法

各地在贯彻落实"五大发展理念"的过程中,坚决将协调发展作为资产收益扶贫实践探索的基本方法,确保了资产收益扶贫的有序展开和成效显现。从实践来看,各地将协调发展作为资产收益扶贫的方法,主要体现在如下方面。

一是注重地方探索与上位规定之间的有效协调。在地方实践探索中,相关省份较注重贯彻落实中央相关要求,做好与资产收益扶贫相关全国性规定的有效衔接。从出台资产收益扶贫专门的规范性文件的省份来看,这些规范性文件都是以全国性相关规定和要求为依据制定。同时,省级以下相关地方在开展资产收益扶贫实践探索中,贯彻落实好了省级人大及政府相关规定和要求。在相关规范性文件制定方面,省级以下相关地方以省级资产收益扶贫相关规定为依据,立足本地实际,制定出相应的资产收益扶贫实践方案。例如,安徽省肥东县依据《安徽省人民政府关于2019年实施33项民生工程的通知》、安徽省财政厅印发的《资产收益扶贫工程实施办法》等,制定《肥东县资产收益扶贫项目管理办法及绩效评价办法》。在内容方面,相关地方也在省级资产收益扶贫相关规定基础上进行了探索创新。

二是注重资产收益扶贫相关环节和方面的协调运作。从各地实践来看,主要涉及实施主体选择、量化确权、登记发证、档案管理、组织领导、监督指导等方面,既有程序规定,亦有实体规则。例如,安徽省黄山市徽州区财政印发《关于开展资产收益扶贫的实施意见》,从资产收益扶贫的资产范围、经营方式、收益分配、监督管理、实施程序、组织保障等方面具体规定了资产收益扶贫的实践内容,但同时也为全区相关资产收益扶贫项目的有效探索留下了一定的灵活空间。安徽省滁州市来安县杨郢乡制定的《杨郢乡资产收益扶贫工作实施方案》,则在来安县印发的《关于进一步开展资产收益扶贫的实施意见》的基础上,从组织培训宣传、实施主体选择、开展清产核资、界定量化资产、明确量化对象、制定量化方案、颁发股权证书、进行收益分红、加强档案管理、加强组织领导、开展监督指导等方面作了可供直接实施的具体规定。

三是注重资产收益扶贫与相关方面的协调与衔接。相关方面,主要涉及相关政府部门,以及推进资产收益扶贫需要协调推进的相关举措。在相关部门方面,一般涉及横向层级的财政、水利、农业、林业、供销等部门,以及省级、市级、县级、乡(镇)等纵向层级的相关单位。在相关举措方面,主要涉及金融、保险、评估等方面。例如,山西省人民政府办公厅印发的《关于开展资产收益扶贫试点的指导意见》(晋政办发〔2016〕144号)提出,通过协调推进实施金融富民扶贫工程,将贫困户评级授信、金融机构为贫困户提供免担保、免抵押的扶贫小额信贷、财政按基准利率贴息、林权等抵押担保贷款、助学贷款、妇女小额贷款、康复扶贫贷款、扶贫小额信贷保险、农业种养业保险、保费补贴等,推进资产收益扶贫。再如,安徽省黄山市徽州区财政印发《关于开展资产收益扶贫的实施意见》强调,要通过小额扶贫信贷、融资担保、贴息等方式,支持资产收益扶贫。

(四)绿色发展是资产收益扶贫的前提

绿色发展是资产收益扶贫应当坚持的前提。这既是生态文明建设的基本要求,也是推进资产收益扶贫可持续发展的根本保证。从实践来看，相关地方在资产收益扶贫探索中较注重资产收益扶贫的绿色发展，集中体现在资产收益扶贫平台选择和资产收益扶贫项目选择两方面。在资产收益扶贫的平台选择方面，财政部、农业部、国务院扶贫办印发的《关于做好财政支农资金支持资产收益扶贫工作的通知》（财农〔2017〕52号）要求，“治理结构完善、财务管理健全、经营状况良好、经济实力较强、乐于扶贫助困且诚信守约”。重庆市在上述要求基础上，还提出“以社会价值、经济价值、生态价值为标尺”，强调要符合国家产业政策方向。[1] 从资产收益扶贫项目选择来看，各地大都以农业性、效益性、稳定性为基本要求来确定。例如，山东省扶贫开发领导小组办公室、山东省财政厅、山东省农业厅印发的《关于做好资产收益扶贫工作的意见》（鲁扶贫组办发〔2018〕2号）规定为“具有优势特色产业基础和良好发展预期的产业项目”。再如，重庆市扶贫开发办公室、重庆市财政局印发的《关于进一步推进资产收益扶贫工作的通知》（渝扶办发〔2018〕9号）规定了，设施农业、养殖业、农产品加工销售业、乡村旅游业、电子商务业、厂房、库房、扶贫车间、农产品交易市场，购买机器设备、旅游接待设施、文体游乐设施、景区景点、停车场、便民服务设施、电商服务场地、光伏发电场地设备、本地小水电小矿产资源开发等。

（五）开放发展是资产收益扶贫的路径

从各地开展的资产收益扶贫实践来看，能够将“五大发展理念”中开放发展的理念要求有效融入资产收益扶贫实践中，成为资产收益扶贫可持续开展的重要经验之一。从实践来看，各地贯彻落实的资产收益扶贫的开放发展理念，主要体现在资产收益扶贫适用范围、资产收益扶贫参与主体、资产收益扶贫进入退出的开放性等方面。

一是资产收益扶贫适用范围的开放性。在适用的资产收益平台方面，各地在实践中大都确立了选择标准。符合资产收益平台选择标准的主体，均可能为资产收益平台。从各地实践来看，资产收益平台一般限定为符合条件的农村集体经济组织、农民专业合作社和企业。在适用的项目方面，前已述及，一般具有优势特色产业基础、良好发展预期的产业项目，都可能被作为资产收益扶贫项目。

二是资产收益扶贫参与主体的开放性。从实践来看，资产收益扶贫的参与主体具

---

〔1〕 参见《重庆在35个重点农业区县实施农业项目财政补助资金股权化改革》，载网易新闻网：http://news.163.com/16/1221/16/C8QU3HIA00014JB5.html，最后访问日期：2020年1月8日。

有明显的开放性,为有效对接农村“三变”改革和乡村振兴战略奠定了重要基础。很多地方规定,资产收益平台的参加者除了可以是农村集体经济组织、贫困户、贫困户以外的农村集体经济组织成员,还可以是农民专业合作社,甚至可以是社会资本。只要规范参与和运行,资产收益扶贫的参与主体范围就会是开放的。

三是资产收益扶贫进入退出的开放性。资产收益项目的核心是运用股权制度,致力于精准扶贫和乡村振兴。资产收益平台作为资产收益扶贫项目的实施对象,是以股权为抓手整合相关资源、资产、资金,按照既定规则进行收益分配的。无论是拥有扶贫股或者是扶贫股收益权的贫困户,还是农村集体经济组织等股权主体或其他股权持有者,都拥有一定程度的进入与退出的自由。这在很大程度上确保了资产收益扶贫的可持续发展。

(六)共享发展是资产收益扶贫的目标

共享发展既是资产收益扶贫的目标指向,也是资产收益扶贫与一般股权制度的重要区别。从实践来看,资产收益扶贫要实现的共享发展,主要是将集体利益、一般集体成员个体利益(贫困户以外)、贫困户个体利益与产业投资者等利益相关者的多元利益进行有效整理,依托资产收益平台,持续推进资产收益扶贫项目,以实现多元主体多方共赢,完成好精准扶贫重大任务。各地都将资产收益扶贫收益分配作为资产收益扶贫相关规范性文件规定及其实践的主要内容之一,并且都提出了“保底分红”等方式,以保障扶贫股的稳定收入。例如,重庆市扶贫开发办公室、重庆市财政局印发的《关于进一步推进资产收益扶贫工作的通知》(渝扶办发〔2018〕9号)提出,“健全收益分配机制”,“因地制宜确定具体的收益分配方案,健全完善贫困户参与机制和利益分享机制,切实保障贫困户受益”。再如,山西省人民政府办公厅印发的《关于开展资产收益扶贫试点的指导意见》(晋政办发〔2016〕144号)提出,要建立新型收益分配机制,建立健全收益保底机制,严格按成员持有股权比例进行收益分配,明确扶贫股的保底分红标准,保障贫困户的稳定收益。

四、制度路径:以制度建设推进资产收益扶贫探索

(一)推进资产收益扶贫制度体系的创新建设

习近平总书记提出,“在整个改革过程中,都要高度重视运用法治思维和法治方

式”,“凡属重大改革都要于法有据”。[1] 资产收益扶贫作为精准扶贫的重要组成,不仅需要在依法治国的框架下探索和运行,更是需要依靠法治的保障。研究发现,我国并未制定专门的资产收益扶贫立法,甚至在现行全国性立法中仍缺乏有关资产收益扶贫的直接规定。但这并非就意味着我国资产收益扶贫是“脱法”运行的。我国有关资产收益扶贫的制度体系建设,仍然是在依法治国的框架下运行。这是当前资产收益扶贫实践探索有效防范和化解各种风险,取得资产收益扶贫实践效果的一条重要经验。

目前,我国资产收益扶贫的制度体系呈现出宏观、中观、微观相结合的严密的文本体系。在宏观层面,中央有关精准扶贫的重大决策决定了资产收益扶贫的根本方向。尤其是,根据《中共中央、国务院关于打赢脱贫攻坚战三年行动的指导意见》以及《中国农村扶贫开发纲要(2011—2020年)》,我国将加快“研究推进扶贫开发立法”,为资产收益扶贫等扶贫工作提供全国层面的立法依据。在中观层面,我国已有20个省自治区直辖市制定了治理贫困的专门立法(现行有效),其中,地方性法规19部,地方政府规章一部,事实上解决了资产收益扶贫缺少直接立法依据的问题。在微观层面,我国从中央到地方已经形成了“4+N+X”的资产收益扶贫文本体系;同时,相关省、自治区、直辖市管辖的相关地方也在省级专门的规范性文件的基础上,立足地方实际,制定了资产收益扶贫的具体实施方案。

(二)抓住资产收益扶贫制度体系的关键环节

资产收益扶贫与精准扶贫的其他模式、一般股权制度相比,特殊之处主要体现在一些关键环节上。也正因如此,有关资产收益扶贫的文件往往将围绕这些关键环节进行具体内容设计。一般而言,资产收益扶贫相关文本中篇幅最大、内容最多的,可以认为就是资产收益扶贫的关键环节。从已有实践来看,只有抓准了资产收益扶贫的关键环节,才能更好明确资产收益扶贫的实践内容,更好预防和化解风险,保障资产收益扶贫的实施效果。研究发现,已有相关资产收益扶贫文件中,大都以实施主体、实施范围、量化股权、收益分配、监督管理作为资产收益扶贫的主要方面。这些方面也是资产收益扶贫制度体系建设所涉及的关键环节。例如,山西省人民政府办公厅印发的《关于开展资产收益扶贫试点的指导意见》(晋政办发〔2016〕144号),安徽省省财政厅印

---

〔1〕 参见秦前红:《在法治轨道上推进改革试点》,载《人民日报》2017年11月8日,第7版。

发的《资产收益扶贫工程实施办法》、江西省发展改革委印发的《江西省水电矿产资源开发资产收益扶贫改革试点实施方案》(赣发改地区〔2017〕813 号),广东省农业厅、广东省财政厅、广东省扶贫开发办公室印发的《关于做好新时期精准扶贫精准脱贫资产收益扶贫工作的指导意见》(粤农〔2018〕65 号),都涉及上述方面内容。

当然,尽管在各地的实践探索中存在前述共性内容,但具体就资产收益扶贫的关键环节而言,仍然存在一定的差异性。例如,重庆市扶贫开发办公室、重庆市财政局印发的《关于进一步推进资产收益扶贫工作的通知》(渝扶办发〔2018〕9 号),主要围绕项目实施范围、明确受益对象、精选实施主体、优化资产类型、规范产权管理、健全收益分配机制、落实资金保障措施、严格监督管理进行设计。河北省财政厅、河北省农业厅、河北省扶贫开发办公室印发的《关于推进财政支农资金支持资产收益扶贫健康发展的实施意见》(冀财农〔2018〕3 号)重点围绕明确资产范围、严选实施主体、明晰产权权益、合理确定收益、实施差异扶持、加强风险防控,以及实施程序展开。从海南省人民政府办公厅印发的《关于开展资产收益扶贫试点工作的实施意见》(琼府办〔2017〕54 号)来看,海南省将实施方式、实施程序作为资产收益扶贫的关键和主要内容进行制度探索。陕西省重点围绕实施主体、主要项目类型以及具体措施入手,将量化资产作为资产收益扶贫的关键环节。从广西壮族自治区人民政府办公厅印发的《脱贫攻坚增加贫困户资产收益实施方案》(桂政办发〔2016〕9 号)来看,广西壮族自治区重点围绕探索多种资产收益路径、资产收益分配机制进行探索。

(三)坚持协调和系统推进资产收益扶贫探索

资产收益扶贫作为一项系统的创新实践,不仅涉及现有理论和制度规定的方方面面,而且与各地实际、相关其他制度或举措之间存在紧密关联。如何确保协调、系统推进资产收益扶贫探索,成为相关地方开展实践必须重视且确已重视的重大现实和关键方面。这成为各地探索资产收益扶贫所形成的一条重要的经验和启示。从各地开展资产收益扶贫的实践来看,坚持协调和系统推进资产收益扶贫,主要体现在如下方面。

一是协调资产收益扶贫相关政策规定。研究发现,各地在资产收益扶贫实践探索中大都围绕财政资金“做功夫”。财政资金的使用势必涉及资产收益扶贫与相关财政资金类型所对应的监管制度之间的协调。为此,财政部、农业部、国务院扶贫办于 2017

年5月31日印发的《关于做好财政支农资金支持资产收益扶贫工作的通知》(财农〔2017〕52号),明确了中央财政专项扶贫资金和其他涉农资金、地方各级财政安排财政专项扶贫资金和其他涉农资金投入资产收益扶贫的范围,要求加强省级对资产收益扶贫的统筹谋划、工作指导和监督检查,县级承担资产收益扶贫工作的主体责任和组织领导,财政、农业、扶贫等相关部门要切实承担资产收益扶贫工作的职责,协调相关部门加大支持,健全监管制度体系,确保资产收益扶贫规范运行。

二是协调相关环节和方面的协调运作。从各地相关规定来看,相关环节和方面主要涉及实施主体选择、量化确权、登记发证、档案管理、组织领导、监督指导等,既有程序规定,亦有实体规则。例如,安徽省滁州市来安县杨郢乡印发的《杨郢乡资产收益扶贫工作实施方案》规定,从组织培训宣传、实施主体选择、开展清产核资、界定量化资产、明确量化对象、制定量化方案、颁发股权证书、进行收益分红、加强档案管理、加强组织领导、开展监督指导等方面作了可供直接实施的具体规定。

三是注重与相关方面的协调与衔接。一方面,切实做好相关部门的协调工作。例如,财政部、农业部、国务院扶贫办于2017年5月31日印发的《关于做好财政支农资金支持资产收益扶贫工作的通知》(财农〔2017〕52号)要求,协调相关部门加大对资产收益扶贫工作的支持,财政、农业、扶贫等相关部门要切实承担资产收益扶贫工作的职责。再如,广西壮族自治区扶贫开发领导小组办公室印发的《广西脱贫攻坚探索资产收益扶贫操作指南》(桂开办发〔2016〕65号)要求,县党委、政府以及县扶贫部门、财政、发改、审计、农业等部门协调开展资产收益扶贫的资格审核、监督检查指导等工作。另一方面,许多地方注重协调好相关措施的投入。例如,安徽省黄山市徽州区财政印发的《关于开展资产收益扶贫的实施意见》规定,要通过小额扶贫信贷、融资担保、贴息等方式,支持资产收益扶贫。山西省人民政府办公厅印发的《关于开展资产收益扶贫试点的指导意见》(晋政办发〔2016〕144号)提出,协调实施金融富民扶贫工程等相关举措。

五、发展路径:有效衔接农村相关重大改革探索

(一)有效推进精准扶贫战略

从资产收益扶贫相关文件规定来看,资产收益扶贫是精准扶贫的重要方式。精准

扶贫则是脱贫攻坚的重要形式。各地在资产收益扶贫实践探索中,始终将资产收益扶贫作为精准扶贫的重要构成,以精准扶贫相关指导思想、原则要求来指导和评估资产收益扶贫的实践探索。这也成为各地开展资产收益扶贫方向不偏、目标不离、效果明显的基本保证,成为资产收益扶贫地方实践探索所取得的主要经验之一。

从实践来看,相关地方在开展资产收益扶贫过程中,不仅坚持将精准扶贫相关要求作为资产收益扶贫的依据,也将精准扶贫相关部署安排融入资产收益扶贫的内容。研究发现,出台资产收益扶贫专门的省级规范性文件的13个省、自治区、直辖市的20部现行有效的规范性文件,都明确以中央或省级精准扶贫相关文件为依据制定。例如,重庆市扶贫开发办公室、重庆市财政局印发的《关于进一步推进资产收益扶贫工作的通知》(渝扶办发〔2018〕9号)明确规定,制定依据为"财政部、农业部、国务院扶贫办《关于做好财政支农资金支持资产收益扶贫工作的通知》(财农〔2017〕52号)和市委市政府《关于深化脱贫攻坚的意见》(渝委发〔2017〕27号)精神"。再如,河北省财政厅、河北省农业厅、河北省扶贫开发办公室印发的《关于推进财政支农资金支持资产收益扶贫健康发展的实施意见》(冀财农〔2018〕3号)规定,依据"深入贯彻落实党中央、国务院《关于打赢脱贫攻坚战的决定》和省委、省政府《关于坚决打赢脱贫攻坚战的决定》部署"制定。

从实施目标和效果来看,资产收益扶贫有力地推动精准扶贫重大任务的完成。例如,截至2017年9月,安徽省安庆市投入7.73亿元用于开展资产收益扶贫,共有360个建档立卡贫困村参加,已实现贫困村集体增收1964.88万元,村均增收5.46万元,推动91,376名贫困人口增收5.32万元(人均增收550元)。[1] 安徽省宣城市泾县昌桥乡自2018年起开展资产收益扶贫,将财政专项扶贫资金转变为资产,以入股分红的形式引导124户281名贫困人口全部变为村经济合作社的"股东",并在此基础上加以推广,引入了4个产业项目,带动全乡441户972人增收。[2] 再如,内蒙古自治区锡林郭勒盟多伦县多伦诺尔镇北村利用"三到村三到户"项目补贴资金和帮扶单位盟审计局

〔1〕 参见《安徽:资产收益扶贫趟出脱贫创新路》,载国务院扶贫开发领导小组办公室网:http://www.cpad.gov.cn/art/2017/9/27/art_5_71211.html,最后访问日期:2020年1月8日。

〔2〕 参见钱有龙、卫幸梅:《宣城泾县:资产收益扶贫 助力脱贫攻坚》,载人民网:http://ah.people.com.cn/n2/2019/0528/c374164-32986021.html,最后访问日期:2020年1月8日。

帮扶资金为全村贫困户入股合作社(8000元/户),其余资金作为合作社基础设施建设资金,开展资产收益扶贫,推动贫困户脱贫(2017年年底累计有35户75人脱贫。2018年年底致力完成剩余16户30脱贫)。[1]

(二)有效对接农村"三变"改革

党的十八大以来,习近平总书记就农业农村改革发展作出了决策和部署。2015年11月,习近平总书记进一步"要通过改革创新","让资源变资产、资金变股金、农民变股民,让绿水青山变金山银山"。[2] 2017年中央一号文件——《中共中央、国务院关于深入推进农业供给侧结构性改革加快培育农业农村发展新动能的若干意见》明确提出,"鼓励地方开展资源变资产、资金变股金、农民变股民等改革"。2018年,由贵州省探索的农村"三变"改革经验,还被写入了中共中央、国务院印发的《乡村振兴战略规划(2018—2022年)》。此外,时任国务院副总理汪洋同志先后六次就贵州开展的农村"三变"作出肯定性批示。由贵州省六盘水市探索形成的农村"三变"改革,已经被中央和实践认可,被推广到全国各地。

农村"三变"具有较强的理论性和实践兼容性,成为有效衔接精准扶贫与乡村振兴的重要抓手。从实践探索来看,农村"三变"具有较强的指导性、高度的概括性、突出的开放性以及科学的实践性等特征。同时,农村"三变"改革是一项系统工程,涵盖了党建、改革、治理、利益共享等方面。在很大程度上来讲,资产收益扶贫与农村"三变"具有高度的契合性、一致性。资产收益扶贫属于农村"三变"改革的重要构成,实在农村"三变"改革中侧重于保护贫困户收益稳定的一种制度安排。以贵州为例,许多地方按照农村"三变"的基本要求,立足各地实际情况,积极探索。贵州省水城县充分利用25个少数民族"大杂居、小聚居"等特点,通过以文为股打造玉舍彝族文化产业园、以画为股打造陡箐农民画产业园、以绣为股打造补那布依文化产业园等措施,成功将民族文

---

[1] 参见多伦县扶贫开发办公室:《资产收益扶贫机制助力脱贫攻坚》,载多伦县政府网:http://www.dlxzf.gov.cn/dlgovmeta/bmxzgk/xzfzcbm_1/fpb/zfbgkml/tygkxx/201811/t20181122_2141364.html,最后访问日期:2020年1月6日。

[2] 李贞、董紫薇、洪瀛:《习近平谈扶贫》,载中国共产党新闻网:http://cpc.people.com.cn/n1/2018/0829/c64094-30257236.html,最后访问日期:2020年1月8日。

化与“三变”改革、特色城镇、全域旅游等相融合,[1]推动了资产收益扶贫的实践探索与效果形成。

(三)有效衔接乡村振兴战略

《乡村振兴战略规划(2018—2022年)》提出,到2020年,乡村振兴的制度框架和政策体系基本形成;到2022年,乡村振兴的制度框架和政策体系初步健全的总体要求;到2035年,乡村振兴取得决定性进展,农业农村现代化基本实现;到2050年,乡村全面振兴,农业强、农村美、农民富全面实现等远景规划。在此基础上,习近平总书记明确提出,“农业农村现代化是实施乡村振兴战略的总目标”。2018年中央一号文件——《中共中央、国务院关于实施乡村振兴战略的意见》更是明确指出,做好实施乡村振兴战略与打好精准脱贫攻坚战的有机衔接。

从精准扶贫规定及实践探索来看,精准扶贫作为脱贫攻坚战的核心战略,如何实现其与乡村振兴战略的有效衔接,成为资产收益扶贫相关理论和制度的实践探索必须把握好的一个重大要求。从各地开展资产收益扶贫实践探索情况来看,其均较好贯彻落实了实现资产收益扶贫与乡村振兴战略有效衔接的任务要求。这在很大程度上确保了资产收益扶贫的方向准确,也增强了资产收益扶贫实践探索的稳定性和可持续性。具体而言,相关地方主要是在现有股权理论和制度的基础上,以扶贫股为抓手,将乡村振兴战略相关要求整合融入资产收益扶贫,共同实现资产收益扶贫和乡村振兴战略的目标要求。在此基础上,各地根据脱贫攻坚的既定任务要求,将乡村振兴战略的思想、原则、要求等融入具体的资产收益扶贫的方案和实践中,以统筹资产收益扶贫与乡村振兴战略的有机衔接。为此,资产收益扶贫不仅有效推动了脱贫攻坚任务的完成,也为乡村振兴战略的实施奠定了制度和物质基础。

(四)有效融入社会治理创新

党的十八大以来,习近平总书记将社会治理与民生作为社会建设的两大根本任务,强调加强顶层设计,就社会治理问题以及如何创新社会治理作出了符合中国实际的科学论断。习近平总书记深刻指出,要“继续加强和创新社会治理”,形成“党委领导、政府负责、社会协同、公众参与、法治保障的社会治理体制”,“要处理好活力和秩序

---

[1] 参见张周虎:《“五融五化”助脱贫——水城县创新民族文化助推精准扶贫机制》,载《当代贵州》2017年第33期。

的关系，坚持系统治理、依法治理、综合治理、源头治理”，“政府和市场各就其位、各负其责”的“社会善治”。始终体现完善国家治理体系的要求，将提升治理能力作为扶贫攻坚的主线，成为新时代习近平扶贫重要论述的精神实质和基本内容。具体而言，将上述社会治理要求有效融入资产收益扶贫实践探索，也成为各地开展资产收益扶贫的基本要求和实践主线。这成为资产收益扶贫实践探索取得的重要成果，也成为继续推进资产收益扶贫实践探索和制度建设的重要经验之一。

从实践来看，许多地方明确将社会治理作为资产收益扶贫的重要内容，尤为注重运用好村民自治规定。例如，重庆市扶贫开发办公室、重庆市财政局印发的《关于进一步推进资产收益扶贫工作的通知》(渝扶办发〔2018〕9 号)以及河北省财政厅、河北省农业厅、河北省扶贫开发办公室印发的《关于推进财政支农资金支持资产收益扶贫健康发展的实施意见》(冀财农〔2018〕3 号)均明确规定，村级开展的资产收益扶贫的实施主体，可以由村民通过“一事一议”的形式确定，同时，贫困村第一书记、驻村干部应当积极参与议事讨论并加强指导。再如，广西壮族自治区扶贫开发领导小组办公室印发的《广西脱贫攻坚探索资产收益扶贫操作指南》(桂开办发〔2016〕65 号)规定，要引导贫困群众主动参与资产收益扶贫实践，除资产收益扶贫的实施主体的选择应当召开成员大会决议外，资产界定结果应当由实施主体成员大会或成员代表会议审定，“实施主体在资产收益项目实施前，要召开成员大会或成员代表会议进行专题讨论，并充分征求贫困户的意见，同意参与项目并自愿承担相应权利和义务的贫困户即可成为股权量化对象，由实施主体张榜公布并登记确认”。

此外，部分地方在实践探索中，还加强社会治理创新，将新时代“三治”结合的乡村治理体系有效融入资产收益扶贫实践探索中，实现多方的社会共治。[1] 例如，贵州省黔西南州摸索形成“四方五共”工作法，[2] 即由政府牵头，构建由政府、群众(搬迁户)、工商联(企业)、社会组成的“四方联盟”，通过四方联动，实现四方一同共商、共识、共

〔1〕 参见王巍：《相对主义：从典范、语言和理性的观点看》，清华大学出版社 2003 年版，第 5 页。

〔2〕 “四方五共”工作法部分内容源自黔西南州望谟县蔗香村在龙滩水电站建设移民搬迁安置中所提出的“五共”工作法，后经发展形成，是在问题与压力倒逼中创造出来的群众路线。此后，黔西南州在易地扶贫搬迁攻坚工作中形成“四方五共”的基本内容。“四方五共”又被用于解决移民搬迁安置、小城镇建设、旅游开发、扶贫等重大现实问题。

建、共享、共担的“四方五共”，实现“七个搬出”目标，对扶贫搬迁工作农村“三变”具有较强的指导性、高度的概括性、突出的开放性以及科学的实践性，形成了包括资产收益扶贫在内的精准扶贫的推动效应。[1] 其中，贵州省黔西南州兴仁县屯脚镇引进鸿源生态农业发展有限公司，将财政专项扶贫资金变为资产后入股，将周边九头、蚌街、马路河 3 个村 410 户贫困户全部发展为该公司的“特惠股东”，积极参与资产收益扶贫治理，获得分红。[2]

---

〔1〕 参见《中共黔西南州委　黔西南州人民政府脱贫攻坚战区第二号令》（州党发〔2016〕23 号）。

〔2〕 参见《资产收益结硕果　产业扶贫拔穷根——兴仁市资产收益扶贫助力贫困户增收侧记》，载人民网：http://qxn.people.com.cn/n2/2019/0521/c362643-32961670.html，最后访问日期：2020 年 1 月 8 日。

农村主体制度建设

经济法视野下我国农民协会组织可行性研究*

李长健** 李 曦***

目 次

农业问题、农村问题、农民问题，这三个问题，是我们常常提到的“三农”问题。这三个问题相互联系，想要解决“三农”问题，就不能将眼光局限于其中某一个问题之上，而要统筹全局。农业经济发展，农村组织建设与农民利益保障这三个方面的实现在某个程度上是相互一致的。农民协会组织是农业经济发展、农民利益需求与农村组织机构三方交互的一种组织化体现。但是在当下的中国农村，成系统化的农民协会组织却是一个空白，我国相关的立法更是空缺。诚然，改革开放40年以来，中国农业经济飞

* 本文系国家社会科学基金重大项目“深化基层矛盾纠纷化解共建共治机制及其风险预判研究”(18ZDA166)；湖北省教育厅优秀中青年科技创新团队项目“城乡一体化发展与基层社区治理创新研究”(T201528)2015；中央高校基本科研业务费专项基金项目“中国农村社会系统与自然系统协调发展实证究——基于中南三省8地的定点分析”(2013RW033)2013的研究成果。

** 中南财经政法大学法学院教授、博士研究生导师。

*** 中国五环工程有限公司企业发展部、法律事务部风险管理专员。

速发展，农民利益已经得到了很大保障，农村组织建设也有了很大的发展，农民的权利意识更是有了质的提高。为了维护和保障自身权益，中国农村已经出现了农民自发筹建的组织，但杂乱无章的组织与维权方式不但于保障农民权益无用，更可能是社会不安定因素的来源。我们应该看到，我国仍旧缺乏全国统一的、更为系统的农民协会组织，一个如同工人的“工会”，律师的“律师协会”一般，理应承担起维护和争取农民利益重任的法制意义上的农民协会组织。

一、农民协会法律主体属性探析

（一）西方国家农民协会的形式与属性

托克维尔在《论美国的民主》中指出，结社之艺术随着公民身份平等而完善，将推动人类文明之延续和发展。[1] 各国宪法中关于公民结社权的规定是农民建立农民协会最高和最根本的法律渊源。以此为基础，西方各国农民建立了各自的农民协会组织。在西欧国家中，法国的农民协会组织有着较为悠久的历史。法国的农民协会组织是以农业合作社的形式展现的，在 1848 年，法国的农业合作社数量就达到了 170 余个，成系统的法国农业公司在 1867 年就成立了。到 1886 年，法国农民们创立了农业工会中央联盟。西欧农民协会组织的另一个代表是德国农民协会，也是以合作社形式存在。德国农民和贫民在 1862 年前后组成了农民间互济有无的农村合作社。[2] 从总体来说，西欧的这种农民协会组织多为合作社，其带有一定中世纪行业协会之色彩，在一定程度上是由之演变发展而来。

美国农民协进会是北美第一个成规模的农民组织。其设立于 1867 年，借着 1873 年美国农业危机的契机，大量吸收会员，正式成为一个全国性农民组织。这是美国农民为了应对垄断资本主义对农业市场的剥削而建立的对抗性组织。这一类农民协会是随着垄断经济的发展而壮大的，是农民为了抵抗下游垄断组织的产物。它的兴衰并不是由自身决定，而是随着垄断资本主义经济的变化而改变。

还有一个类型，就是日本农协。虽然现代意义上的日本农协成立于 1947 年，但是

---

〔1〕 参见[法]托克维尔：《论美国的民主》（下卷），董果良译，商务印书馆 1988 年版，第 640 页。

〔2〕 参见李长健、冯果：《我国农民合作经济组织立法若干问题研究》（上），载《法学评论》2004 年第 4 期。

江户时期的“赖母子”与德川时期的“报德社”却是农协的渊源。[1] 这种民间金融组织，是日本农民协会组织的本土化智慧。到了明治时期，由政府主导，建立了产业组合。这种产业组合的存在一直延续到了第二次世界大战，是政府为了维护专制集权的工具，并在实际上为日本军国主义侵略扩张打下了坚实的农业基础。

从这几类近代时期的典型农民协会组织来看，这个时期的农民协会组织形式多样，性质上也多有不同。有的是单纯的经济利益集合体，有的则带有一定的政治诉求，还有一些则干脆是由上至下的统治工具。但从总体来看，这个时期的农民协会组织，其政治职能占据主导地位。

（二）近代时期中国农民协会的发展实践

自近代以来，中国的农民协会组织已经发展了100多年。在这之间，根据其经历的不同历史阶段，以及在不同制度体系中的具体表现形式，可以大致分为以下几种农民协会：(1)清末民初，地主乡绅把持的农民协会，其以封建社会中的家族宗法制为依托，带有浓厚的封建主义色彩；(2)国民革命时期，国共同盟发动农民运动之农民协会，这种农民协会是作为一种革命工具而存在的；(3)南京国民政府时期，农民协会成为国民党维系农村社会秩序的组织，带有一定的政权色彩；(4)共产党领导下的苏维埃时期，这一时期的农民协会有着“贫农团”（土地革命时期）、“农救会”（抗日战争时期）、“农民协会”（解放战争时期）、“贫下中农协会”（“文化大革命”时期）等组织，这些组织都有一个共同点，即为了当下革命任务发动农民群众。

农民协会在中国近代一直未能摆脱为政治服务的定位，其经济性一直隐藏在政治性之下。这是由近代中国独特的政治环境决定的，没有一个稳定的环境来发展经济，动荡的局势以及长久的战乱让中国农民协会有了其独特的历史使命。但是，这种革命性已经不适用于当下和平稳定的中国。

（三）第二次世界大战后农民协会职能的经济法转变

第二次世界大战后，和平与发展已经成为世界共同的主题。农民协会组织也由之前的政治性向着当下的经济性转型。

第二次世界大战后，欧洲开始趋于整体化。当今欧洲的农民协会总体上可分为欧

[1] 参见于秋芳：《现代日本农协的发展变迁研究》，安徽师范大学出版社2012年版，第8～15页。

盟、国家、地方和基层四个级别。欧洲农民协会是会员制,其存在也只是维护农民协会会员的权利和利益。洲际统一的农民协会能为会员提供大量优质的服务,同时也会在农民与国家间的矛盾疏导、政策宣传与实施等方面给予政府大量支持。与此相对应,欧盟则会通过立法、设置贸易壁垒等方式来保障农民协会会员的利益。

第二次世界大战后,特别是进入国家垄断资本主义时期之后,美国农民协会的使命发生了改变。由之前的抱团对抗垄断组织变成了改善农民的生活质量以及促进农业在经济上健康发展。与之前相同的是,美国农民协会保留了自己的独立性,它是农民自己组建的合作制组织,为了保证这种独立性,联邦政府不会给农民协会提供任何资金,农民协会自负盈亏。农民协会会成立属于自己的公司为农民提供服务:传播农情信息;培训和进行公众教育;代表农民结成利益共同体,同商业机构达成优惠销售协议。

日本农协也是在第二次世界大战后才真正成型。在联合国军总司令部的督导下成立的农业总协同组合,最开始的使命仅仅是保障自耕农的利益,防止其再次沦为佃农以导致社会动荡。[1] 时至今日,随着日本金融、农产品流通以及进出口的自由化,日本农协也经历了一次次变革与合并。相比第二次世界大战前的农民协会组织,加入退出自由的战后农协更倾向于一个社团法人,同时,由于其自上而下的构建架构,使农协也带有了一定的行政管理职能。

从以上各国的实践可以看出,随着政治环境趋于稳定以及经济全球化的影响,农民协会的职能也都发生了相应改变。其中最主要的一点,就是农民协会由一个政治导向的政治团体向经济导向的公益社团法人转变,由一个宪法上的政治社团向经济法律主体(公益社团法人)转变。这也为我们从经济法视角分析农民协会组织提供了法理基础。也正是由于农民协会政治职能的淡化,经济职能的加强,让农民协会由对抗性的社会关系转变为了引导性的社会关系。

二、新型经济法主体体系下农民协会可行性之探寻

美国政治学家塞缪尔·亨廷顿认为,“政治共同体的稳定依赖于社会政治制度化

---

[1] 参见于秋芳:《现代日本农协的发展变迁研究》,安徽师范大学出版社2012年版,第40页。

和组织化的程度”。[1] 这种制度化与组织化趋势，如若映射到经济法上，则是经济法主体体系。所谓新型经济法主体体系，是相对第二次世界大战前旧的经济法主体体系来说的。不同于之前“政府—市场”的二元体系，新的体系将经济法主体框架分为“政府—社会中间层—市场”三层框架。在这一新的体系中，经济法主体包括三个部分：国家经济管理主体、社会中间层主体、市场经济活动主体。三种主体相辅相成，又互相交互，在我国经济发展中起到了重要的作用。农业经济的发展，农民权益的维护，同样需要这三个组织的共同作用，任何一种主体的缺位都会对整体经济平衡造成影响。

（一）新型经济法主体体系的“三元”扩张

新型经济法主体体系的“三元”扩张，主要是指社会中间层主体的兴起，这也是新体系不同于旧体系的最重要的一点。所谓社会中间层主体，是指在经济活动中，独立于政府主体与市场主体，为政府主体与市场主体以及市场主体与市场主体之间相互联系起中介作用的主体。在民法中，社会中间层主体或为法人，或为非法人组织；在行政法中，社会中间层主体一般是行政相对人。在这两种法律的调整中，其并没有考虑社会中间层主体的特殊地位与职能，即并没有将社会中间层主体独立为主体体系中新的一层。而在经济法的调整下，社会中间层主体成了新型经济法主体体系中的一个独立部分。

“由于国家经济体制正在发生重大转变，经济活动主体的种类和法律形态出现变化，他们的经济活动领域和所发生的经济关系也在变化，国家对各经济主体及其经济行为的管理范围、程度和方式也在变化。”[2]第二次世界大战之后，以国家垄断资本主义为代表的市场经济体系的重建，反映在经济法主体体系上，是社会中间层主体的出现与兴起。这是二元社会结构向三元社会结构的跨越。

对社会中间层主体的经济法主体地位问题，中国法学界存在着一定争论。反对社会中间层主体成为经济法主体的学者以李友根教授为代表，他指出，“社会中间层主体只是部分经营者主体与一些特殊社会组织的集合，并不能独立构成一种经济法主体”。[3] 更多的学者则是将社会中间层作为一类重要的经济法主体予以肯定，王全兴

〔1〕［美］亨廷顿：《变革社会中的政治秩序》，李盛平、杨玉生译，华夏出版社1988年版，第12～13页。

〔2〕漆多俊：《论现代市场经济法律保障体系》，载《中国法学》1994年第5期。

〔3〕李友根：《论经济法主体》，载《当代法学》2004年第1期。

教授在《经济法基础理论专题研究》一书中对社会中间层主体作了相应的类型化研究。笔者在这里倾向于认同王全兴教授的观点。社会中间层主体是一种独立的、抽象的经济法主体,并以社会为框架,在国家与个人之间架起了一座桥梁,形成了现代经济法视野下的三元社会结构。

社会中间层主体首先是作为一种辅助政府管理主体存在,同时,它也是一种代表个体集合诉求的主体。这一种独特的双向性主体,是伴随着20世纪30年代经济危机中二元社会结构的破灭,以及第二次世界大战后福利国家新经济政策导向下"市民社会思潮"的兴起而产生,并随着社会经济、社会发展而出现的一种新型的经济法律主体。第二次世界大战前那一次波及全球的经济危机展现了传统"政治国家—市民社会"之二元框架的弊端,这一框架已经无法满足社会化大生产的需要。自由市场的缺陷在经济危机初期已经暴露无遗,同时,国家由"守夜人"向"看得见的手"之转变的弊端在后期同样出现。自由市场和国家全面干预市场经济都无法解决的缺陷反映了"国家—市场"二元框架的局限性,也促使其再次发生改变,进而产生了社会中间层主体,并以此为国家与市场的中介,形成了"国家—社会中间层—市场"三元框架。在此框架下,社会中间层主体的中介性主要体现在三个双向上:(1)对部分国家职能与市场主体职能的双向承担;(2)对国家利益与市场利益的双向限制;(3)对市场失灵与政府失灵的双向弥补。这就使国家、市场主体之间的交互有了社会中间层的协调,让各种社会经济矛盾有了缓和,进而实现经济法的价值目标—社会整体利益之优化。

这一转变,反映到各国农业发展实践中,便是诸如农民协会、农协、农民合作社等社会中间层主体的勃兴。在我国,培育属于农民群众自己的社会中间层主体是增加农民经济法律地位,弥补农村治理结构缺位的实际需要。

(二)农民协会在经济法调整下的主体地位

1. 农民协会是一种社会中间层主体

在经济法调整下,或者说在经济法主体体系中,农民协会是一种社会中间层主体。首先,农民协会能够受经济法调整。经济法律主体,"是指在国家协调本国经济运行过程中,依据经济法享有权利(权力)和承担义务的组织体和个人"。[1] 根据这个定义,

---

〔1〕 杨紫烜主编:《经济法》,北京大学出版社、高等教育出版社2010年版,第95页。

经济法主体的要件有三:(1)经济法律关系当事人;(2)在经济运行过程中;(3)符合法律规定。因此,原则上界定一个主体是否是经济法主体,只需看其是否符合第一及第二两个要件即可,至于第三点,只是其是否为合法主体的标准。如果这样判定,农民协会组织是一种承担义务享有权利的经济法组织体。同时,界定一个主体是否是经济法律关系主体,还要看其是否具有经济法人格,也就是经济法主体资格,即这个主体是否拥有权利能力和行为能力。对组织体来说,这两点是合一的,同时产生和消灭,范围重合。在这种资格的取得上,我国对非管理性的组织体,一般采取登记制;对管理性的组织体,则是审批制。[1] 因此,在我国具有一定管理职能的农民协会如若想成为合法意义上的经济法主体,是需要得到有关国家机关审批的,应该是农业部或者直接由国务院进行审批。

如果不看农民协会组织是否具有合法的经济法主体资格,那么农民协会无疑是一种经济法律关系主体。在经济法主体体系中,经济法律关系主体有经济管理主体、市场主体和社会中间层主体。经济管理主体即政府机关,其也是政府参与市场管理的代表。农民协会组织显然不是政府机关。那么其是否为市场主体呢?所谓市场主体,即为在市场上从事经济活动并具有权利义务的个人及组织体。农民协会是一种组织体,也具有权利义务。但是其经济法价值并非从事经济活动,而是对农民的管理及农民权益的外在代表。当然,农民协会也会从事诸如代表农民与企业谈判之类的经济活动,但是这种经济活动也是为其保障农民权益服务的。可见,农民协会也并不是一个市场主体。因此,若要给农民协会组织一个明确的经济法律主体界定,最好的选择就是社会中间层主体。

2. 发展农村社会中间层主体主要是建立农民协会

李长健教授认为,“发展农村社会中间层主体主要是发展农业行业(专业)协会和建立农民协会”。[2] 笔者赞同这个观点,同时笔者认为,发展农村社会中间层主体主要是建立农民协会。随着农村社会中间层组织的发展与趋同,农业专业协会与农民协会的职能也发生了交集甚至重合。这一点在各国的实践中已经得以证明,如欧盟的农

---

〔1〕 参见俞可平:《中国公民社会:概念、分类与制度环境》,载《中国社会科学》2006 年第 1 期。

〔2〕 李长健:《论农民权益的经济法保护——以利益与利益机制为视角》,载《中国法学》2005 年第 3 期。

民协会将欧洲各国的农民合作社进行统一协调,日本农协直接就是农民行业协会与农民协会的集合体。随着农民协会组织政治职能之弱化,经济职能之加强,这一同化趋势将更为明显,并很有可能最终合并为一个以农民协会为主要框架,行业协会为分支部门的组织体。

这样的一种新型农民协会将会成为农村社会中间层主体的中心组成部分。这一种农民协会组织介于国家经济管理主体与市场活动主体之间,保护农民权益的同时也辅助政府管控农村市场。在我国,国家可以将农民协会建成如同工会,消费者协会一样的组织,并在其中设立党支部,派驻政府代表。这样一来,就大大加强了政府对这一类自治组织的管控,同时也使农民协会成为其行政权力的延伸,使之成为国家管理农村市场的辅助力量;对农民等市场活动主体来说,代表农民权益的农民协会组织将极大有助于其利益的实现。更进一步说,农民协会组织本身就是作为农民利益代言人而存在。建立一个中国共产党领导下的全国统一性农民协会,将弥补我国农民利益代表机制的缺位,进一步稳定和维护社会主义工农联盟,并为保护农民权益提供一个有力的组织体。当然,对农民协会组织的培育不可一蹴而就,可以先行试点,再全面铺开。同时,还要因地制宜,结合当地实际情况建设。这个过程中最重要的就是党支部建设的实时跟进,这是我国农民协会建设的基本政治保障。

(三)明确农民协会组织经济法主体定位对其可行性之影响

之所以一定要将农民协会归为一种能够受经济法调整的社会中间层主体,就是为了使其行为规范受经济法规制,进而增大农民协会组织在我国建立发展的可行性。农民协会组织是一种社会团体法人,规制其行为规范的法律有行政法与经济法。农民协会具体由哪一种法律进行调整及规范,对农民协会能否在我国建立以及以何种方式建立都有着根本影响。如果选择用行政法去规制农民协会组织,那么农民协会的职能导向就会成为政治职能优先,兼顾经济职能。这一来与以经济建设为中心的大环境相悖,二来与第二次世界大战后世界各个国家农民协会的经济职能转变趋势不相符。建立农民协会的目的,从宏观上是发展农村经济,微观上是维护农民权益。农民权益,包括政治与经济两方面,在农村城镇收入差距巨大的我国,农民的经济权利应当是先导性的。这样一来,无论是从宏观还是微观上,我国农民协会建立之目的都是经济导向的。这就使建立农民协会若要可行,必然要加强其经济职能建设。

与此同时，要增加我国农民协会建立的可行性，必然要弱化农民协会的政治性，使农民协会的建立更加可行。

这种以经济职能为中心，弱化政治职能的构建方式，无疑会大大增强农民协会在我国建立之可行性。而这样一种构建方式，以经济法来进行调整无疑更为合适。将农民协会定义为经济法规制下的社会中间层主体，是加大农民协会建立可行性的必然要求。

三、农民协会对农民权益之维护——以权利与义务分析为线索

“法是以权利和义务为机制调整人的行为和社会关系的。”[1]在这种调整机制中，权利义务将贯穿于一切法律部门。因此，从经济法的视野中看待农民协会对农民权益的维护，则必然要从权利与义务的方向入手。无论是从农民协会本身权利义务上，还是从其对加入农民协会的农民(户)利益保障上分析，权利义务这一条线索，都将贯穿始终。同时，基于权利本位的法学价值观，实现和发展农民之权利是目的，设立相应义务是为手段，以保障农民权利之实现。

(一)经济利益——农民权益与农民协会组织的经济法交点

权利与利益这两个概念在法律上是分开的。它们既紧密联系又相互区别。概念上的趋同让人们习惯于将其结合在一起，简称为权益。在政治学理论中，公民权益包含政治权益和经济权益两个方面，农民权益亦然。在法治社会中，政治与经济这两种权益的实现有着共同的前提：平等权的真正实现。反过来讲，若是失去了这两种权益，任何一个主体都将不再作为一个社会主体而存在，农民权益是农民作为社会主体存在的条件。这一权益体现在经济法上，是人类通过各种各样的经济活动来实现的经济利益。农民通过生产农产品，销售农产品，购买生产生活资料等方式参与经济活动，实现自己的经济利益。

民以食为天，一切社会行为之发展都要以满足基本生存需要为前提。农民在满足自己的生存需要后，将富余的农产品投入市场，满足整个社会之生存需要。因此，农业经济活动应该是人类最基本的经济活动，是其他经济活动得以进行之前提，也是国民

---

[1] 张文显主编：《法理学》，高等教育出版社2007年版，第139页。

经济得以进一步发展的基础。而这一种发展,也将进一步反哺农民权益。这种反哺,既包括了政治经济权益,还包含着社会发展权。而经济利益,是农民进行经济活动最根本的目的。因此,农民经济活动之顺利进行,农民权益之维护与发展,在于农民经济利益之保障。

农民协会组织,是农民(户)个体之集合,也是农民利益之代表。特别是现代社会中农民协会职能的经济法转变使其经济职能之实现,将有效保障农民的经济权利。而其政治职能之实现,则为农民参与经济活动保驾护航。农民协会使农民得以平等的参与经济活动,并维护其经济利益之实现,进一步推动了农民权益之实现。因此,经济利益是农民权益与农民协会组织的经济法交点。

(二)农民协会组织——农民利益矛盾的重要解决机制

马克思指出,“人们奋斗所争取的一切,都同他们的利益有关”。[1] 农民参与到经济活动中是以利益为导向的,经济利益是农民进行经济活动的直接目的和最终目的。经济利益作用到经济活动中,需要利益主体、利益客体和利益中介三个部分相互结合,相辅相成。经济法通过调节这个过程中的经济权利义务来实现对经济活动的调节。“从历史发展来看,我国自古以来就是一个政治占主导的社会,强国家弱社会这个特征很显著。”[2]随着我国由计划经济体系转型到市场经济体系,政治在经济活动中的地位不断被弱化。与之对应,新的调节方式往往是利益导向而非行政命令导向,以经济利益对农民参与经济活动加以引导,以经济义务对之予以约束。这种利益导向的引导方式无论是交给行政命令为主的政府管理主体还是完全放开到市场主体都会有所掣肘。因此,作为社会中间层主体的农民协会组织,在利益导向的经济调节中起着政府与市场所不可替代的作用。

1. 解决农民利益矛盾之途径

解决农民利益矛盾之途径主要可从两个方面入手,一是发展社会生产力以增加绝对利益,二是通过利益机制获得相对利益。党的十九大报告明确提出,我国社会主要矛盾已发生变化。现阶段的社会矛盾的解决仍然需要以大力发展生产力为基础。改革开放以来,随着生产力的发展,人民群众生活水平得到了普遍改善。随之而来,教

---

〔1〕 马克思、恩格斯:《马克思恩格斯全集》(第1卷),中央编译局译,人民出版社1995年版,第82页。

〔2〕 丁云:《当代中国农民政治参与》,知识产权出版社2011年版,第75页。

育、科学、文化、国防公共福利事业的发展,可持续生态环境的保护,社会其他公共产品的扩大供应,这些都具有绝对性。[1] 这种绝对性利益的增加,是对农民利益最根本的解决,但是这种绝对利益增长的长期性与延续性让其对农民利益矛盾之解决往往不能够及时有效。

作为另一种更有效的途径,利用利益机制对利益分配的影响来进行相对利益的调节,在维护农民权益上就显得尤为重要起来。合理的利益机制之建设,决定了利益分配之公平。而这一种利益机制合理与否,不仅局限于法律制度的完善,还涉及各个利益集团在这种利益机制博弈中力量的平衡。农民需要属于自己的利益代表机制来发展其相对利益。

2. 农民协会是专属于农民的利益代表机制

与传统民法以个体为单位强调机会公平相比,经济法强调的是社会整体的公平。在这样的价值导向下,当个体权利与群体利益发生交互时,经济法偏向于群体。因此,进行经济法调节的经济活动时,有代表自己群体的利益代表机制就显得尤为重要,这种经济法中的利益代表机制往往是社会中间层主体。在我国,各个社会群体几乎都建立了自己的群体利益代表组织。如代表工人利益的工会,代表妇女利益的妇女联合会,代表各个地区工商业者的商会等。村民委员会由于其地域局限性,并不能成为全国农民共同的利益代表;农民担任的人大代表,虽然也为农民发声,但是其他社会群体同样有相应的人大代表,而且在人数上还有优势。这种代表本群体的利益集团,应当是一种常态的制度化的利益聚合,这种聚合体,是以全国为范围辐射所有地区所有同类个体的利益代表机制。但这种机制在我国农业经济活动中是缺位的,使农民在农业经济活动中一直处于弱势地位,农民应有的权益得不到充分保障,农民维权的渠道亦不畅通。这同时也导致了有的农民个体以不正当的方式表达自己的诉求,造成社会不稳定。

在这样的背景下,建立全国性的农民协会组织将具有极大的迫切性与一定的可行性。前文已经论述了现代农民协会组织职能已经完成了政治性到经济性的转变,这就使农民协会性质由近代的革命性转向了经济性。这样的农民协会组织会成为促进农

---

〔1〕 参见曲明哲:《现阶段实现代表人民的根本利益的标准及途径》,载《党政干部学刊》2000 年第 12 期。

业经济发展的助推器。而且，我国的农民协会，将是在中国共产党领导下的农民协会组织，为解决"三农"问题贡献巨大力量。

农民协会的建立，将会大大加强农民自身的权利意识，这种意识，既包含对权利的需求，也包含对合法权利的正确认识。农民参与经济活动的积极性将会得到进一步加强。随之而来的，是农业市场的进一步激活。农业市场的活跃，将进一步"反哺"农民自身，增加其绝对性利益。这样一来，农民协会这一利益表达机制的建立就实现了农民绝对性利益与相对性利益的双向增长。

3. 农民协会是对农民利益协调与保障机制的补充

农民协会的作用不仅仅是代表，还有协调与保障。在经济法律关系中，这种协调往往是社会性的，需要农民有一个统一的集团来代表农民个体进行协调。对农民来说，这种统一的集团便是农民协会组织。

与此同时，在利益矛盾的妥协与协调中，农民协会对农民利益有着组织性的保障。这种保障与个体性维权不同，它的统筹性使农民权利的表达更为集中和系统化。同时，农民协会组织中的专门法务部门也会为农民提供法律服务，使农民在经济活动里用法律武装自己。但是，与利益代表机制不同，农民的利益协调与保障机制并非唯一，如消费者协会、农村医疗合作保险体系等，都是农民利益协调与保障机制。因此，农民协会是对农民利益协调与保障机制强有力的补充。

4. 农民协会组织中个体之权利义务

在农民协会组织中，作为个体的农民(户)既有农民协会组织内部的权利，也要履行农民协会组织内部的义务。这种权利义务分为政治与经济两个方面。在政治上主要体现在其自由权上：(1)农民有组建农民协会之自由；(2)农户有加入农民协会之自由；(3)农户有不加入农民协会之自由；(4)农民协会成员有参与农民协会管理之自由；(5)农民协会成员有不得放弃参与农民协会管理之义务。根据其他国家与地区实践经验，这种内部权利义务在经济上一般体现在以下几个方面：(1)农户要求农民协会提供技术支持之权利；(2)农户要求农民协会提供法律支持之权利；(3)要求农民协会统筹销售渠道协调相关市场之权利；(4)农民协会成员有按期缴纳会费之义务。这些权利义务构成了农民协会内部对个体权益之分配与约束，以契约形式订立与农民协会与农户之间。

（三）农民协会权利（力）之边际

任何一种权利（力）不加以限制，都会发生膨胀异变，对其他主体权益造成侵害。因此，任何一种主体所享有之权利都应该设定一个边际，农民协会亦然。

1. 农民协会权力之边际

社会中间层主体被看作一种准公权力主体。这种准公权力，实际上是一种自治权。这种权力的来源，是社会中间层主体对内部成员之间的管理权，此管理权是内部成员赋予组织或者团体的，并由法律予以确认、保护。因此，其权力边际应该仅仅达于内部成员、会员。对于农民协会，这种公权力延伸出的自治权，覆盖面就应当只是加入了农民协会的农民，即农民协会会员。因此，农民协会权力的触手，不可及于非农民协会成员，这种非农民协会成员，既包括非农民人员，也包括农民中非农民协会成员。这种对农民协会管理权的限制，是农民协会权力的外部约束。

同时，对于农民协会成员，准公权力也是有限的。这种权力源于农民协会成员的赋予，是由农民与农民协会之间的契约决定的，这种契约的外在体现应该是农民签订的入会协议以及农民协会的章程。那么，对章程规定之外的管理权，农民协会是不具有的。这种有限的管理权对农民协会权力构成了一种内部约束，同时也是对入会农民权益的内部保障。

2. 农民协会权利之边际

农民协会权利应当以其代表的农民利益为边际。作为群体性权利的集合，农民协会权利有一定的特殊性和优先性，但是这种优先性是有边际的。其权利边际首先体现在空间上。该空间既是一种地域空间，也是一种群体领域。地域空间，就是指农民协会的权利只能及于国家范围内部，受本国法律之保护。若是应对他国维权行为或者参与国际权利纠纷，农民协会作为群体性主体的优先权将不复存在，其只能作为一个普通经济法主体参与行为之中。而群体领域，这是相对于其他社会中间层主体来说的，农民协会对农民权利之维护，以及于其他社会群体权利为界，不可侵犯到其他群体的合法利益。

同时，农民协会的权利边际还体现在时间上。“社会团体并不像生物机体一般有一定的寿命，它可以超过组成分子的死亡而依旧存在；只要旧的死去后有新的来接替，他就不至人亡政息地跟着生物寿命的结束而解散。"[1]农民协会作为一种社会团体，其权利并非具体到某一个农民个体之权利，而是全体农民权利之集合。这种集合，不仅仅体现为空间上所有农民之权利，也体现为时间上的一种代际权利。同样地，这种权利所受到的约束也是代际的。也就是说，农民协会权利之行使边际，不仅仅是其不能侵害其他经济主体之权利，同时是其不能侵害未来农民的发展权利。

四、结论

改革开放以来，随着我国农业市场经济体系之完善，我国农村社会中间层主体之缺位也越发明显。随着第二次世界大战后社会中间层组织的勃兴，各国农民纷纷建立起农民协会组织。这种实践为我国农村社会中间层主体的建立提供了一定的经验。同时，随着农民协会经济职能的转型，使农民协会组织在我国的建立具备了一定的可行性。这种在中国共产党领导下的农民协会体系一旦构建，不仅仅是对我国经济法律体系的一大完善，更是从制度上对我国最广大的利益群体——9亿多农民群众的权益进行了保障。因此，在经济法之视野下，中国农民协会的建立具有极大的可行性与现实需要性。

---

〔1〕 费孝通：《乡土中国·生育制度》，北京大学出版社1998年版，第281页。

农村集体经济组织法人：主体构造与成员制度[*]

陆　剑[**]　易高翔[***]

目　次

《民法总则》第99条虽然赋予农村集体经济组织法人资格，并将其归类为特别法人，但是并没有建构特别法人的一般规则。探讨农村集体经济组织法人的特殊规则具有重大的现实意义。农村集体经济组织法人经历了从互助组到初级农业生产合作社，到高级农业合作社，再到人民公社时期的三级主体形式，具有一定的历史延续性。从历史视角观之，我国农村集体经济组织的产生是这样的一个过程：由于小农经济的脆弱性，农民需要集体协作以解决单个小农所不能解决的问题，而集体协作需要由一个独立的主体去执行。当集体协助事务较为简单时，集体协作可能经由集体成员的会议

* 本文系笔者主持的国家社科基金项目"农村土地法律制度中集体与成员权利配置研究"(13CFX077)的阶段性成果。

** 中南财经政法大学法学院副教授、硕士研究生导师，中国农地法律制度研究中心副主任，法学博士，民商法学博士后。

*** 中南财经政法大学中国农地法律制度研究中心助理研究员。

安排布置或者由集体成员指定部分成员负责组织实施即可完成。但当需要集体协作的事务繁杂而日趋常态化时,仅靠临时会议难以解决,此时,一个常设的固定组织就会产生,而这个独立的固定的组织就逐渐演化为我们今天的农村集体经济组织。在发展的过程中,由于马克思主义思想的影响,农村集体经济组织获得了经营管理本属于农民私人所有的土地和生产资料的权利,并发展出三级形式,成为集体土地所有权范围内集体成员的共同组织。据此,可对农村集体经济组织下如下定义:农村集体经济组织是农村一定社区范围内的农民联合起来的,以土地集体所有为基础,旨在解决单个农户不能解决的农业生产问题,为农户提供公共服务以及对集体所有的资产进行经营管理的合作经济组织。法人化后的农村集体经济组织法人实际上就是一定地域范围内农民以土地为纽带联合而成的社区型法人组织。法人目的主要有两个:一是充当"集体协作"的组织者和执行者。在乡村振兴的新常态下,这一任务主要表现为农业生产提供全方位的公共服务,如良种供应与改良,化肥农药供应,农业技术推广,水利设施等公共设施的维护和管理,农产品的仓储和运输,代表小农户对大市场对接等。二是充当"集体所有资产"的经营者与管理者,发展集体经济,提高农民的财产性收入。据此,可以得出农村集体经济组织的几个特殊性:一是目的上的特殊性,法人目的兼具"营利性"和"非营利性",类似合作社法人但又不完全相同;二是法人成立上的特殊性,不完全是自然人自愿发起成立,而是一定地域范围内全体成员的共同组织,有点类似公法上的地域性社团法人;三是成员构成上的特殊性,集体经济组织法人的成员主要是农民,而且不一定具有完全民事行为能力。按照民事主体功能论的观点,为了达到特定目的和发挥特定功能,法律就会对一定的社会存在赋予民事主体地位。因此,法人的制度构造就是围绕实现法人目的立法政策之制定。本文即基于农村集体经济组织法人的法人目的及其特殊性来构造其主体和成员部分的特殊规则。

一、农村集体经济组织法人的人格制度

(一)农村集体经济组织法人的名称

法人成为一个独立的民事主体必然需要一个名称,以区别于其他社会组织。[1]

〔1〕 参见吴汉东、陈小君主编:《民法学》,法律出版社2013年版,第90页。

法人的名称是法人的人格性、独立性的具体体现,也是法人开展活动,从事法律交易,享有权利承担义务的基本条件。一般而言,对于需要从事经营活动的法人,法律对其名称都会作出详细的规定,以维护市场秩序,保护交易安全。[1] 关于农村集体经济组织的名称,我国法律及政策文件并没有做统一规定。最早在1984年中央一号文件——《中共中央关于1984年农村工作的通知》中虽然有涉及农村合作组织的名称问题,但是也只是认为"合作经济组织可以叫农业合作社、经济联合社或群众选定的其他名称"。在实践中,各地关于农村集体经济组织的称谓并不统一,有的地方使用"集体经济组织"的概念统一指称各级集体经济组织;有的地方则使用"经济合作社/股份经济合作社""经济联合社/股份经济联合社""经济联合总社/股份经济联合总社"的称谓分别指称组集体经济组织、村集体经济组织和乡(镇)集体经济组织。[2] 笔者认为,农村集体经济组织法人兼具"营利性"和"非营利性"的双重特征,宜对农村集体经济组织法人的名称作统一规定以便于农村集体经济组织法人参与到市场交易当中。对此,《企业名称登记管理实施办法》中关于企业名称的组成规定具有一定的参考价值,该办法第9条规定企业名称应当由行政区划、字号、行业、组织形式依次组成。"行政区划"有两项意旨:一是旨在指明企业的住所地,二是旨在将企业同住所地外的其他同名称的企业相区分。"字号"则旨在将企业与同地区、同行业、同组织形式的其他企业相区分,因此同一行政区域同一字号通常具有唯一性。[3] "行业"和"组织形式"除作为企业名称的组成部分有区分企业的功能外,还有突出企业的核心特征的功能,其中冠以"行业"旨在表明企业的业务范围(法人能力),冠以"组织形式"则旨在表明企业的责任形式,以利于市场交易。可见,法人名称的目的在于将该法人与其他法人相区分,并且应当表明法人的属性特征,以保护相对方的信赖,便于市场交易。因此,拟定法人名称时应当注重将该法人与法人所在地、所在行业的其他法人相区分,并且突出该法人的属性特征。及至农村集体经济组织法人名称的拟定,笔者认为,农村集体经济组织是一定地域范围内农民以土地为纽带联合而成的社区型法人组织,在其所在区域有且

---

[1] 参见覃有土主编:《商法学》,高等教育出版社2012年版,第119页。

[2] 参见陆剑、易高翔:《论我国农村集体经济组织法人的制度构造——基于五部地方性法规和规章的实证研究》,载《农村经济》2018年第2期。

[3] 参见覃有土主编:《商法学》,高等教育出版社2012年版,第119页。

只能有一个社区型法人组织，故企业名称中的“字号”要素对于农村集体经济组织而言，就显得多余。同时，农村集体经济组织法人作为一个综合性的社区型法人组织，既服务小农的农业生产活动，也可以依据法律法规的规定投资设立其他领域的经营性企业，如可依据《乡镇企业法》投资设立乡镇企业；既要开展经济活动，同时也要负担一些社会功能。故企业名称中的“行业”要素也不适用。依此而言，农村集体经济组织的名称中只需要冠以“行政区划”和“组织形式”，即可以发挥法人名称应当具备的功能。关于“组织形式”，互助合作特征是农村集体经济组织法人的核心特征，因此用“合作社/股份合作社”来指称农村集体经济组织的“组织形式”是合适的。此外，在“合作社”前冠以“经济”二字，一方面，有利于将农村集体经济组织与农民专业合作社区分开来；另一方面，则有利于彰显农村集体经济组织的私法人属性。〔1〕 因此，笔者赞同用“行政区划＋经济合作社/股份经济合作社”的名称来指称各级农村集体经济组织，而将农村集体经济组织作为一个集合概念，统称各级（股份）经济合作社。实际上，农业农村部正在全国范围内开展的农村集体经济组织赋码登记工作，即以“行政区划＋经济合作社/股份经济合作社”来命名农村集体经济组织法人。〔2〕

（二）农村集体经济组织法人的能力

法人能力制度主要关注的是法人行为的边界。与自然人一样，法人也有其权利能力和行为能力，但是与自然人不同，法人系法律上所拟制的民事主体，其本身并不具备意思能力，故德语和汉语法学通说均认为，法人行为能力范围与权利能力范围重合。〔3〕 法律之所以赋予社会团体以人格，系基于自然人的社会生活需要。〔4〕 因此，基于国家政策的考量和法人制度的客观要求，法人的能力通常会受到法律的限制。〔5〕 这种限制一般包括三个方面：一是法人性质上的限制，例如，法人不享有专属于自然人的人格权和身份权；二是法律上的限制，例如，《公司法》对公司转投资和担保的限制；

---

〔1〕 参见陆剑、易高翔：《论我国农村集体经济组织法人的制度构造——基于五部地方性法规和规章的实证研究》，载《农村经济》2018年第2期。

〔2〕 参见农业农村部、中国人民银行、国家市场监督管理总局《关于开展农村集体经济组织登记赋码工作的通知》。

〔3〕 参见朱庆育：《民法总论》，北京大学出版社2013年版，第452页。

〔4〕 参见王泽鉴：《民法总则》，中国政法大学出版社2001年版，第165页。

〔5〕 参见覃有土主编：《商法学》，高等教育出版社2012年版，第123页。

三是目的事业的限制,例如,公司活动受章程规定的经营范围的限制。[1] 法律上对法人能力的限制通常还会区分公法人与私法人而予以的不同规制,公法人因其目的事业公共性,往往被禁止参与市场活动。[2] 如我国《担保法》规定国家机关以及学校等以公益为目的的事业单位、社会团体不得为保证人。[3]《合伙企业法》规定国有独资企业、国有企业、上市公司以及公益性的事业单位、社会单位不得成为普通合伙人。农村集体经济组织法人集“非营利性”与“营利性”于一体,其中互助合作的“非营利特征”是农村集体经济组织法人的根本特征,经营管理集体所有的资产,发展集体经济,增加农民财产性收入的“营利性特征”只是农村集体经济组织在发展衍化过程中派生特征。农村集体经济组织的宗旨在于服务农民、服务农村、服务农业,促进农业农村的现代化,改善农民的生活,其出发点在于解决单个小农在农业生产当中不能解决的公共事务。显然农村集体经济组织法人的“非营利性特征”要重于“营利性特征”,我们在设立农村集体经济组织法人时不能“本末倒置”。为保证农村集体经济组织法人在发展过程中能够优先发展农村公共事业,立法应当对农村集体经济组织法人的能力参照公法人目的限制作出较一般营利法人能力范围限制更为严格限制。首先,立法应当明确列举集体经济组织法人的主要业务,并规定农村集体经济组织法人开展立法所列举业务范围外业务的,应当经过农业农村主管机关的核准。农村集体经济组织法人设立之时应当将其业务范围载入其章程之中,并依法登记,改变其经营范围的,应当经过主管机关核准并办理变更登记。立足我国农村社会实际情况,并借鉴我国台湾地区农会经验,笔者认为农村集体经济组织法人的业务范围主要包括:(1)农田水利建设及维护,水土保持,森林、草原培育;(2)农村承包地的发包、分包、调整和收回工作;(3)良种及肥料等农业生产资料的推广与供应;(4)农业生产的指导、示范,优良品种的培育;(5)农业机械化以及提高农业生产效率的有关事项;(6)农产品的运输、仓储及销售;(7)组织农业的集体统一经营、流转经营等;(8)依据法律行政法规的规定投资设立经营性企业,发展集体经济;(9)农村合作和社会服务事业;(10)经主管机关依法核定的

---

〔1〕 参见吴汉东、陈小君主编:《民法学》,法律出版社2013年版,第92~93页;覃有土主编:《商法学》,高等教育出版社2012年版,第123~126页。

〔2〕 参见王利明:《民法总论》,中国人民大学出版社2009年版,第170~171页。

〔3〕《担保法》第8条、第9条。

其他事业。其中,第(1)至(6)项是合作性事业;第(7)项和第(8)项是经营事业;第(9)项是社会事业。为防止农村集体经济组织法人功能“本末倒置”,农村集体经济组织法人办理合作性事业应当制定年度计划并经成员大会批准,并报主管机关备案。其次,集体经济组织法人从事经营性事业应受目的范围的限制。笔者认为,为保障农民的合法权益和集体经济组织法人的公益性特征,应参照我国法律对公法人目的范围的限制,规定集体经济组织法人不得为其他民事主体提供担保,不得为普通合伙人,与他人联营、合营、转投资的,不得成为对所投资企业的债务承担连带责任的出资人。

(三)农村集体经济组织法人的章程

与财团法人不同,章程是设立社会团体法人的法定必备文件,是社会团体法人为了调整其内部关系,规范内部成员的行为而制定的具有明显行为规则性质的文件,是社会团体法人内部管理和活动的准则。[1]《民法总则》第71条规设立定营利法人应当依法制定章程;第91条规定设立社会团体法人(非营利法人)也应当依法制定法人章程。农村集体经济组织法人作为社团法人,应当制定法人章程。由于章程是社团实行内部管理的基本依据,也是社团的信用基础和相对人了解社团组织状况和财产状况重要法律文件。各国法律通常会规定章程必须记载的内容,但是法人的性质不同,章程的内容也不同,法律很难对法人的章程作出统一的规定。[2] 笔者认为,法人的章程主要在于规则法人成员、法人负责人以及法人机构的行为,并保证法人目的的实现。基于此,考虑农村集体经济组织法人作为社区型社团法人的特殊性,立法应当明确农村集体经济组织法人章程应当记载事项包括:(1)名称;(2)区域;(3)住所;(4)宗旨;(5)业务范围;(6)成员及成员资格的取得和消灭;(7)成员的权利和义务;(8)组织机构,及各机构的组成、权限、组成人员的任期及其选任与解任;(9)经理人员的聘任、解任及其职权;(10)会议;(11)资本、经费及会计管理;(12)章程的修订程序。

(四)农村集体经济组织法人的住所

同自然人一样,法人也应当有自己的住所。民法上住所的意义主要在于:一是债权、债务的接受地;二是住所是确定诉讼管辖的基本标准以及民事诉讼文书的送达地。行政法上的住所的意义则主要在于确定行政管辖,如税收管辖和法人登记管辖等。关

---

〔1〕 张新宝:《〈中华人民共和国民法总则〉释义》,中国人民大学出版社2017年版,第358页。

〔2〕 江平主编:《法人制度论》,中国政法大学出版社1994年版,第289页。

于住所的确定,营利性法人和社团法人一般以其主要办事机构所在地为住所。我国农村集体经济组织法人是一定地域范围内的农民的联合,有自己的区域,并通常与乡(镇)、村、组的区域是相吻合的,因此,农村集体经济组织法人的住所应当位于其所在乡(镇)、村、组的范围内,并以其主要办事机构所在地为住所。关于农村集体经济组织法人住所,未来立法拟设一条:"第×××条:农村集体经济组织法人以其主要办事机构所在地为住所。各级农村集体经济组织法人的主要办事机构应当分别设于乡(镇)、村、村民小组区域范围之内。"

二、农村集体经济组织法人的设立制度

(一)农村集体经济组织法人的边界

界定农村集体经济组织法人的边界,就是要界定农村集体经济组织法人的成员范围。与公司等其他社会团体法人系自然人多以资本为纽带联结而成不同,互助合作的特征以及农业生产的特殊性决定了农村集体经济组织法人须参照公法人的行政区划制度,以一定范围内的农民为其成员。考虑我国农村集体经济组织在发展衍化过程中成为农民"集体所有"土地的经营管理者,因此似乎可以认为"集体所有"土地的范围就是农村集体经济组织法人的地域范围。我国农村集体土地所有权的现状主要形成于人民公社时期,按照1962年"三级所有,队为基础"的农村土地制度改革,人民公社和生产大队"集体所有"的土地基本上都下放给了生产队,生产队集体所有的土地占全国农村集体所有土地的95%以上。在20世纪80年代,农村经营体制改革时,生产队被改造成了村民小组,生产大队被改造成立行政村,人民公社被改造成了乡(镇)。因此,如果以"集体所有"的土地范围作为农村集体经济组织的地域范围,无疑全国大部分农村地区将建立以村民小组地域范围内的农民为其成员的农村集体经济组织。笔者认为,农村集体经济组织旨在解决单个小农难以解决的农业生产当中的协作问题。故农村集体经济组织法人不宜过小,过小将难以发挥农村集体经济组织法人"集体协作"的优势,且小范围的农民协作也无须成立一个相对独立的农村集体经济组织法人。从我国农村的实际来看,大多数地区的村民小组也只是一个松散的农民联合和社区单位,村民小组范围内的人力和物力资源难以支撑一个独立的法人组织的存在。事实上,在20世纪80年代开始的家庭联产承包责任制的改革中,以发包方身份组织土地发包工

作的主要为村农村集体经济组织和村民委员会，并为后来制定的《农村土地承包法》和《村民委员会组织法》以法律的形式加以明确，而生产队改制后的村民小组和村内各农村集体经济组织的发包方地位一直未被法律所明确，可见，立法者有意将村集体经济组织作为经营管理农村集体土地的主体。而中南农地人的社会实证调查也显示，“村一级已经成为集体土地所有权主体的主要形式，农民也已接受村比村民小组更具主体性的存在”。[1] 笔者认为，在决定村民小组范围内要不要设立一级农村集体经济组织时，不宜采取全国“一刀切”的做法，不应局限于农村土地集体所有权是否下放到村民小组这一级，应当宜村则村，宜组则组。如果村民小组的经济实力足以支撑一个相对独立法人组织，则可以设立组集体经济组织；如果村民小组实力不济难以维系法人组织的正常运作，则可以设一个更大范围的村集体经济组织，统一管理全村范围内的集体土地，而村民小组则可以作为村集体经济组织法人事业的基层推行单位。市场经济条件下，农村集体经济组织的职能重塑似乎预示着一个比村集体经济组织范围还大的农村集体经济组织也是可能而且是必要的。代表分散的农户与大市场对接，解决农民“增产不增收”的问题是改革开放新时期农村集体经济组织的一项重要任务，如农业生产资料的供应、农产品的销售、农村信用保险等业务，这一类职能的实现通常需要更大范围农民的联合。但是从组织治理角度来看，农村集体经济组织也不宜过大，过大不利于农民行使相应的民主权利，不利于农村民主，[2] 也会增加“集体协作”的成本。此外，在缺乏直接经营管理集体土地的法理依据之后，乡（镇）、村两级集体经济组织特别是乡（镇）集体经济组织的地位和功能也需要重新定位。为解决这些问题，笔者认为可以参照人民公社时期农村集体经济组织“三级主体”形式，抛弃其行政色彩，以私法原则重新建构农村集体经济组织的“多级主体”形式，允许乡（镇）范围内的村农村集体经济组织联合设立乡（镇）农村集体经济组织；而在设立组农村集体经济组织的地区，允许村范围内的组农村集体经济组织联合设立村农村集体经济组织。这样就形成新时期我国农村集体经济组织的“三级主体”或“两级主体”形式，农民是基层农村集体经济组织成员（会员），直接参与基层农村集体经济组织的治理，下一级农村集体经济组织

[1] 陈小君等：《农村土地法律制度研究——田野调查解读》，中国政法大学出版社2004年版，第6~7页。

[2] 参见江海波：《中国农村土地所有权制度研究》，清华大学2005年博士研究生学位论文，第148页。

则是上一级农村集体经济组织的成员,农民通过其代表参与上一级农村集体经济组织的治理。如此,一方面,保障了农民的参与权,有利于培养农民的民主意识,又利于发挥更大范围的农民联合的优势;另一方面,也解决了新时期农村集体经济组织"多级主体"的法律定位问题。

(二)农村集体经济组织法人的成立

法人的成立与法人的设立不同,法人的成立是法人设立的结果,法人的设立是法人成立的过程。所谓法人的成立,就是指法人取得民事主体资格的法律事实。[1] 法人的成立通常包括法人成立的原则,法人成立的条件和法人的设立程序三个方面的内容。

关于法人的成立原则。法人的成立原则,又称为法人的设立原则,是指实证法律对于法人之成立所采取的立场,不同的立场体现出不同的管制程度。[2] 根据立法管制程度的不同,可以将法人的成立原则分为自由主义、特许主义、核准主义、准则主义和强制设立主义五原则。[3] 所谓自由主义,又称为"放任主义",指法人的设立完全听凭当事人的自由,国家不加任何干预和限制。特许主义,是指法人的设立需经国家元首颁发特许状(又称元首特许主义)而设立,或者基于立法机关通过特别法案(又称法律特许主义)而设立。核准主义,又称许可设立或行政许可设立主义,是指立法为法人的设立制定成文法规,经国家行政主管机关依据该法规进行实质审查后予以批准使得法人成立的方法。准则主义,是指法人的成立的条件由法律明确作出规定,凡符合法定条件的,不必经国家主管机关实质性批准,仅需办理形式上的登记,即可设立公司。强制设立主义,是指依据法律的规定强制设立法人的原则。"依法律强制其设立,所以当然为法人设立之主义。"[4] 关于上述原则在现代法上的适用:特许主义是早期法人设立的主要原则,由于过于限制宪法上的结社自由权,现代法基本不再采用。自由主义对于法人之设立虽属方便,但是由于过于放任,不利于市场秩序之维护,且不予登记

---

〔1〕 参见吴汉东、陈小君主编:《民法学》,法律出版社2013年版,第88页。

〔2〕 参见朱庆育:《民法总论》,北京大学出版社2013年版,第423页。

〔3〕 参见马俊驹、余延满:《民法原论》,法律出版社2005年版,第120页。

〔4〕 史尚宽:《民法总论》,中国政法大学出版社1998年版,第68页。

导致法人与合伙难以区分。[1] 因此，即使在鼓励社团发展的国家，通常也不会采自由主义。[2] 强制设立主义则与私法自治原则相违背，一般并不适用于私法领域，仅适用于公法人之设立。而核准主义或者准则主义兼顾私法自治与公共政策之考量，为现代法所接受。而究竟采何种主义，立法者通常区分公益与否而有所不同。于营利性社团法人，立法者通常采准则主义以鼓励交易；对于非营利法人，立法者通常认为非营利法人所从事的活动事关公共利益，应从设立到运作再到消灭都实施更为严格的监管，因此在非营利法人设立上通常采核准主义。[3] 我国法基本遵循此一原则，营利性社团法人多采准则主义，登记机关对其只进行形式性审查而不进行实质性审查；[4] 非营利性社团法人多采核准主义，登记机关对其不仅进行形式性审查还进行实质性审查。[5] 沿循此一原则，笔者认为，农村集体经济组织法人的设立应采核准主义，理由如下：第一，农村集体经济组织法人兼具营利性与非营利性，其中非营利性要重于营利性，非营利性事业是农村集体经济组织法人的生命线，营利性事业主要是为非营利性事业服务的。为保障农村集体经济组织法人的公益性特征，政府应当对农村集体经济组织施加较一般营利性法人更为严格的监管。第二，农村集体经济组织法人虽然应被定性为私法人，但不应抹杀农村集体经济组织法人的公法人特征。“三农”问题事关全局，农村集体经济组织法人肩负着乡村振兴的历史使命，其法人事业中合作性事业与其说是一种私任务，倒不如是一种公任务。因此，农村集体经济组织法人发展的好与坏，绝不仅仅只是一个关涉部分人的私利益，而是一个事关全局的公利益，政府的扶持和监管是必须的。第三，农村集体经济组织法人的成员固定，而且成员的加入和退出受有限制，其对农民个体自由意志的限制要较一般私法人重。且大多数农民欠缺现代社团运作赖以维系的权利意识、民主意识，为防止农村集体经济组织法人为农村少数强人和富

---

〔1〕 参见郑玉波：《民法总则》，中国政法大学出版社2003年版，第178页。

〔2〕 参见罗昆：《财团法人的设立原则探析》，载《武汉大学学报》(哲学社会科学版)2008年第5期。

〔3〕 同上。

〔4〕 参见《公司法》第6条第1款；《合伙企业法》第9条、第10条；《个人独资企业法》第8条、第12条。

〔5〕 参见《社会团体管理条例》第3条、第9条；《民办非企业单位登记管理暂行条例》第3条；《基金会管理条例》第9条。

人把持,落实历次中央文件提出的“防止内部少数人控制和外部资本侵占集体资产”,[1]政府也应当对农村集体经济组织法人从设立到运作再到解散、清算进行全方位的监管。

关于法人的成立条件。无论是采核准主义还是准则主义,法律都只对符合一定条件的社会组织授予法人资格。唯法人类型不同,法人的成立条件也各不相同,立法只能对任何类型法人成立都需要具备的要件作一个统一规定。《民法总则》第58条第2款“法人应当有自己的名称、组织机构、住所、财产或者经费”的规定,即是对各种类型法人的成立要件的抽象规定,所列举的要件皆为我国法律上任何法人成立均须具备的条件,但并非成立法人的全部要件。[2] 例如,成立社团法人,往往还要求具备一定数量的成员和符合法律规定的章程。[3] 故《民法总则》第58条第2款同时规定:“法人成立的具体条件和程序,依照法律、行政法规的规定”,将各类型法人成立的特别要件留待法律、行政法规另行规定。农村集体经济组织法人虽属特别法人,但系法人之一种,其成立仍然需要具备第58条所2款前段所列举的4项要件。此外,作为社团法人之一种,农村集体经济组织的成立还需要具备一定数量的成员和符合法律规定的章程。由于农村集体经济组织法人是一定范围的农民的联合,如同公法人一样有其法人区域,且其法人区域通常是与集体土地的范围以及乡(镇)、村、组的区域是相吻合的。基于此,对于“成员”要件,不应如营利法人一样以数量标准加以衡量,而应当通过确定农村集体经济组织法人的边界来确定法人成员,宜村则村,宜组则组。综上所述,农村集体经济组织法人的成立条件包括:(1)名称;(2)住所;(3)成员;(4)章程;(5)组织机构;(6)财产。其中“成员”要件不应通过数量标准加以衡量,而应当通过确定农村集体经济组织法人的边界来确定法人成员。

关于法人的设立程序。与自然人因出生而取得民事主体资格不同,社会团体的民事主体资格并非一蹴而就,需要符合法人的成立条件。为使某一社会团体符合法人成

[1] 参见《中共中央、国务院关于稳步推进农村集体产权制度改革的意见》和《中共中央、国务院关于实施乡村振兴战略的意见》。

[2] 参见张新宝:《〈中华人民共和国民法总则〉释义》,中国人民大学出版社2017年版,第275~276页。

[3] 参见《民法总则》第79条、第91条;《公司法》第23条、第24条;《社会团体登记管理条例》第10条。

立条件从而取得法人资格，法人的成员通常会实施各种法律行为以促使法人成立条件的成就。立法关于法人设立的程序的规定，实际上就是立法对法人设立中各种行为加以规制的规定。例如，我国《公司法》规定，设立有限责任公司应当履行制定公司章程、认缴出资、验资、审批、申请设立登记、登记发照等程序。农村集体经济组织法人的成立要件已如前述，在立法规制集体经济组织法人筹备设立中的各种行为时，应当考虑农村集体经济组织法人的特殊性。农村集体经济组织法人在成员加入和退出上具有强制性，法人目的具有一定公共性和公益性，其设立过程显然难以避免也不能避免政府的自上而下的推动作用。然而农村集体经济组织法人本质上是私法人，政府的作用只能是鼓励、支持和引导。同时，为防止内部少数人控制，政府对集体经济组织法人的设立行为实加一定程度的监管，也是必要的。鉴于此，农村集体经济组织法人的设立应采“集体成员发起设立＋政府监管”的模式。基层农村集体经济组织法人的设立应当由村民小组范围内的农民集体或者村范围内的农民集体发起成立，上一级农村集体经济组织法人由下一级农村集体经济组织法人联合发起成立。发起设立农村集体经济组织法人应报主管机关核准后，方可召开发起人会议，主管机关派员指导并监督发起人会议的选举和表决工作。第一次发起人会议，应当选举筹备人员，负责组织筹备工作。经选举产生的筹备人员应当根据法律、行政法规的规定，制定法人章程；编制成员（代表）名册；清查核实集体资产并登记造册；组织理事、监事及理事长的报名和选举工作；召集下一次发起人会议，并提起发起人会议审查、批准法人章程、成员（代表）名册、集体资产清产核资报表，组织发起人会议选举理事、监事及理事长。集体经济组织法人成立大会后7日内，经选举产生的理事会应当将批准后的法人章程，成员（代表）名册，集体资产清产核资报表，理事、监事及理事长名单报主管机关核准登记并颁发农村集体经济组织法人证书。

三、农村集体经济组织法人的成员制度

作为社团法人制度的重要组成部分，法人成员制度主要关注成员资格的取得与消灭以及成员权利与义务问题，以调整成员与成员之间，成员与法人之间的权利义务关系。

（一）成员资格的取得与消灭

社团法人系人之集合体，因而必有其成员。营利性社团法人，成员身份的取得往

往源于出资行为;非营利性社团法人,成员身份的取得虽不一定要求出资,但往往也要求加入者须为加入之意思表示,并通常须履行一定的行为,始得取得成员资格。故私法上的社团法人,其成员多为具有完全民事行为能力的自然人或者法人。除私法上的社团法人外,尚有公法上的社团法人,[1]如国家以及地方自治团体(如省、市、县等)属于德国法系上典型的地域性之公法上社团法人。[2] 这类社团法人的特征在于,其组成成员系一定地域范围的内全体成员,成员资格的取得基于国籍或者户籍,因出生而当然取得成员资格,而不区分有无行为能力。例如,一国之公民,纵然尚未成年,亦可要求一国政府履行保护其合法权益之义务。基层农村集体经济组织法人的成员制度即类似德国法上地域性的公法社团法人成员制度,以基层农村集体经济组织法人为其成员的上一级农村集体经济组织法人成员制度则应适用私法上的社团法人成员制度。第一,作为社区型法人组织,农村集体经济组织法人因农村社区范围内农民的集体互助合作意识而产生,集体互保和社区发展是互助合作意识当然内容,农民之所以要联合在一起,就是希望能够借助集体的力量解决单个农户所不能解决的问题,并且在自己遭遇生产和生活上的困难时,能够获得集体的援助。显然在这种意识之下,“老弱病残幼”不可能被排除在集体成员之外。第二,经历历次农村集体化运动,原先农民私人所有的土地逐渐转变为“集体所有”,相应的“土地保障”也就转化为“集体保障”,对世世代代居住在这一区域的农民来说,显然一出生就成为集体及“集体所有”的一员,享有从集体获得一份土地的利用权或者分享集体利益的权利。而农民集体在发展衍化过程中逐渐通过一个相对独立的集体经济组织来经营管理集体土地。于此,法人化后农村集体经济组织,其法人成员也就与作为集体土地所有权“主体”的农民集体的成员具有高度的重合性。世代居住在农村集体经济组织法人区域范围内的农民及其后代就成为农村集体经济组织法人的当然成员。习惯上通常以户籍来确定,即具有该农民集体的户籍就是该农民集体的成员,即使居住于该地但无该农民集体的户籍也不具备

---

〔1〕“在逻辑上,社团法人与财团法人之区分,标准只在成立基础(人或财产)之不同,并不关涉法律依据或目的事业属于何种领域,因此其共同上位法为‘法人’,而不是‘私法人’。”参见朱庆育:《民法总论》,北京大学出版社 2013 年版,第 417 页。

〔2〕See Reinhard Bork, Allgemeiner Teil des Deutschen Bürgerlichen Gesetzbuchs, 3. Auff., 2011, Rn. 198. 转引自朱庆育:《民法总论》,北京大学出版社 2013 年版,第 418 页。

该农民集体的成员资格。[1] 故界定农村集体经济组织法人的成员首要是界定农村集体经济组织法人的边界,边界确定后通过户籍制度就可以确定农村集体经济组织法人的固有成员,即凡具有法人区域范围内户籍的自然人,无论年龄大小,也无论精神状况如何,皆为农村集体经济组织法人成员。究竟是以“户”作为集体经济组织法人成员,还是以“农民个体”作为集体经济组织法人成员,学说上存在争议。[2] 笔者赞同以“农民个体”作为农村集体经济组织法人成员,主要基于以下考虑:第一,突出个体的主体性,是我们这个时代的特征,也应当是我们建设法治中国的奋斗方向,作为生产单位的“户”具有历史的合理性但不具有现实合理性;第二,“户”的概念在法律上难以界定,且以“户”作为集体经济组织法人成员不利于有效维护农民个体权益,也无法有效建立成员资格制度,徒增制度成本。[3] 除以户籍为判断标准外,随着城乡流动的加速,出现了未落户配偶,外出求学、务工人员是否具有成员资格的问题,部分地区就发展出是否依赖集体土地为基本生存保障的参考因素,也得到了《农村土地承包法》等法律法规的肯定。[4] 笔者认为,对外出求学和进城务工人员,在其尚未完全融入城市社会并享受城市福利保障前,保留这类群体的成员资格,有利于发挥农民集体在我国城市化进程中的“蓄水池”和“稳定器”作用。

除农村集体经济组织法人的固有成员外,是否允许不具有本集体户籍身份的人员通过作出一定的行为或履行一定的义务加入集体经济组织法人,而成为法人的一员,也是理论和实践中的疑难问题。在实践中,有地方肯定加入取得成员资格的方式,例如,浙江省扬州市和泰州市规定,非具有集体户籍身份的人员,履行村经济合作社章程规定的义务并经成员大会或成员代表大会多表决同意,即可加入村经济合作社。[5] 笔者认为,立法是否应该肯定“加入取得”的方式主要出于法政策的考量。从我国农村

---

〔1〕 参见高飞:《集体土地所有权主体制度研究》,法律出版社 2012 年版,第 279 页。

〔2〕 持赞成意见的有:崔文星:《中国农地制度物权论》,法律出版社 2009 年版,第 11 页;刘嫣姝:《农村集体经济组织成员资格认定的困境、根源和对策分析》,载《山东农业大学学报》(社会科学版)2008 年第 4 期。持反对的意见有:戴威:《农村集体经济组织成员权制度研究》,法律出版社 2016 年版,第 124 ~ 125 页;韩志才、袁敏殊:《土地承包经营权主体辨析》,载《安徽大学学报》(哲学社会科学版)2007 年第 7 期。

〔3〕 参见戴威:《农村集体经济组织成员权制度研究》,法律出版社 2016 年版,第 118 ~ 124 页。

〔4〕 参见《农村土地承包法》第 26 条第 2 款、第 3 款。

〔5〕 参见《浙江省村经济合作社组织条例》第 19 条;《扬州市村经济合作社组织暂行办法》第 18 条;《泰州市村经济合作社暂行管理办法》第 16 条。

社会实际以及未来发展情况来看,立法应当规定“加入取得”成员资格的方式。理由如下:第一,新时期从事农业生产不只有农村的固有成员,新型经营主体已经成为发展现代农业的主力军和突击队,实现乡村振兴的重要力量。〔1〕 在计划经济时期,由于城乡二元结构的桎梏,从事农业生产工作的主要是农民集体的固有成员,因此这一时期农村集体经济组织的成员主要是“世居”的农民。这也导致“农民”与其说是一个职业概念,倒不如说是身份的代名词。〔2〕 但是改革开放新时期,尽管城乡二元结构还没有被完全破除,但是由于城乡要素流动的加速,从事农业生产工作的主体已经发生了重大变化,不具有通常意义上“农民”身份的新型农业经营主体已经借助承包地土地流转开始出现。据有关部门的研究结论,专业大户、家庭农场、农民合作社、农业企业等新型农业经营主体已经成为我国农业生产经营的主力军。〔3〕 而早在党的十九大报告《决胜全面建成小康社会 夺取新时代中国特色社会主义伟大胜利》当中,就已经明确提出“培育新型农业经营主体”。显然,当从事农业生产的主体发生变化时,作为我国农业经济重要组织形式的农村集体经济组织法人,也应当保持成员制度的开放性,允许新型农村经营主体的加入。第二,发展现代农业、实现乡村振兴离不开城市工商业资本的支持。农村社会本身是不足以实现现代化的,农村的现代化要么依靠城镇化,要么依靠城市要素回流农村。〔4〕 我国幅员辽阔,经济、社会情况复杂,仅仅依靠城镇化是不足以实现农村现代化的,必然还需要依靠城市要素的回流。2018 年中央一号文件——《中共中央、国务院关于实施乡村振兴战略的意见》作为新时代推进农村现代化的纲领性文件,已经明确提出“鼓励社会各界投身乡村建设”,“加快制定鼓励引导工商资本参与乡村振兴的指导意见”,“要把人力资本开发放在首要位置,畅通智力、技术、管理下乡通道,造就更多乡土人才,聚天下人才而用之”。因此,城乡资本下乡而出现的“新型农业经营主体”对农村的发展显得尤为重要,“三农”问题的解决,乡村振兴战略实的施绝对不能是农民集体固有成员“独舞”,而应当是农民与新型农业经营主体的

〔1〕 参见农业农村部给新型农业经营主体的定性。

〔2〕 参见戴威:《农村集体经济组织成员权制度研究》,法律出版社 2016 年版,第 136 页。

〔3〕 参见全国人大农业与农村委员会法案室:《农村土地承包法律制度研究》,中国法制出版社 2017 年版,第 6 页。

〔4〕 参见郑永年:《农村的集体组织还存在吗?》,载华南理工大学公共政策研究院 IPP 文库网:http://www.ipp.org.cn/index.php/home/blog/single/id/263.html,最后访问日期:2020 年 1 月 4 日。

“共舞”。第三,农村集体经济组织法人的治理与发展也需要注入新鲜的血液。很多学者在论述村委会代行集体土地所有权主体时弊端时,认为所谓的集体所有实际上成了有的乡村干部所有,甚至成为个别乡村干部个人所有。[1] 进而以此作为改造农村集体土地所有权主体的重大理由。笔者认为,这是一种形而上的理解。按照《村民委员会组织法》的规定,村民大会是决定村内事务的最高权力机关,村委会应当接受村民的民主监督。有的地方在村委会之外还建立村民理财小组,相当于法人组织里的监事会。由此可见,村委会的运作机制和集体经济组织法人的运作机制没有本质上的区别,都是现代社团的民主运作机制。村民委员会制度没有防止“内部少数人控制集体资产”,并不是制度本身的问题,而是人的问题。制度的运作关键在人,现代社团运作建立在成员的权利意识和民主意识基础上,在内部治理上注重权力的制衡。问题是,农村“熟人社会”的性质不易培养出现代社团运作所赖以维系的权利意识和民主意识。而由城市返乡或者下乡的群体具有保护自己权利的能力,由他们来制衡农村社会已经出现的“强人阶层”,避免“内部少数人控制集体资产”是可行的。关键问题在于要避免“强强联合”,但是这也在某种程度上凸显出经由集体经济组织法人运作来培养农民民主意识和权利意识的重要性。综上所述,笔者认为,允许不具有本集体户籍身份的人员加入集体经济组织法人,是农村社会发展和集体经济组织法人自身发展的必然要求。在外来成员的加入条件方面,立法不宜统得过死,应作原则性规定:第一,为保证集体经济组织法人的农业性和农村性以及集体成员的主体性,立法宜规定只有“在农村集体经济组织法人区域范围内实际从事农业生产”的人员或者企业才可以加入集体经济组织法人,并授权主管机关对加入限额加以规定。第二,只有满足法人章程规定的条件,并经成员大会2/3多数同意才可以加入。至于法人章程规定哪些条件,留给农村集体经济组织法人自行规定。

(二)集体经济组织成员权利类型

所谓成员权(社员权),是指社员对社团享有的各种权利的总体。[2] 包括参与管理和取得财产利益两方面的权利。参与管理,如参与社团大会表决重大事项的权利,选举和被选举为管理人员和监督人员的权利;取得财产利益的权利,包括请求盈余分

---

〔1〕 参见王卫国:《中国土地权利研究》,中国政法大学出版社1997年版,第99页。

〔2〕 参见谢怀栻:《论民事权利体系》,载《法学研究》1996年第2期。

配和剩余财产分配的权利。[1] 农村集体经济组织法人作为一个社团法人,其成员的权利基本上也包括这两块的内容,只不过因为其特殊性,权利内容有别于传统社团法人。其中:(1)管理性权利:包括集体公共事务的知情权、监督权,对侵害集体利益的行为提起诉讼的权利,集体经济组织管理者选举、监督、罢免权,集体重大公共事务的参与权、决定权和表决权。(2)经济性权利:包括从集体承包土地自主经营权利,从集体获得宅基地、自留地、自留山权利,分配集体所有者收益权利;分配集体经济组织法人收益的权利;以及对侵犯自身合法权益提起诉讼的权利。[2] 需要注意的是,农村集体经济组织法人的成员制度比较类似于公法上社团法人成员制度,已如前述。而公法上社团法人管理性权利以"理性人"为基础,因此并非所有的成员都享有管理性权利,例如,公法上的选举权和被选举权只有年满18周岁以上的公民才能享有。就农村集体经济组织法人而言,也应当区分有无"意思能力"而配置不同的管理性权利,立法宜规定只有年满18周岁以上并且具有完全民事行为能力的成员才能享有管理性权利。但是对经济性权利则不受影响,不具有完全行为能力的成员可以通过自己的法定代理人代为行使相应的权利。此外,成员权利还应当区分固有成员和加入成员而有所不同。对于加入成员的成员权利应当加以限制,主要包括两个方面:第一:其不是土地"集体所有权主体"的一分子,因此不享有集体所有者权益,无权要求承包土地、获得宅基地等权益,无权要求分享土地收益,也无权参与关于集体土地事项的决议;第二,为保证固有成员的主体性,同时防止"外来资本侵占集体资产",加入成员可以为监事,也可以被聘任为经理人员,但是不得为理事也没有理事的选举权。至于其他权利,加入成员与固有成员应当平等对待,不应受到限制。

四、代结语:"农村集体经济组织法"主体与成员权部分的立法选择

关于"农村集体经济组织法"立法形式的选择,目前主要有两种方案:一种是由国务院制定行政法规,2015年中央一号文件——《中共中央、国务院关于加大改革创新力度加快农业现代化建设的若干意见》即持此态度;另一种是由全国人大制定法律,2018

---

〔1〕 参见龙卫球:《民法总论》,中国法制出版社2002年版,第124页。

〔2〕 参见戴威、陈小君:《论农村集体经济组织成员权利的实现——基于法律的角度》,载《人民论坛》2012年第1期。

年十三届全国人大常委会发布的《十三届全国人大常委会立法规划》就将农村集体经济组织方面的立法项目归入“立法条件尚不完全具备、需要继续研究论证”的第三类立法项目。这在某种程度上也反映出中央关于立法形式态度的转变。笔者认为，“农村集体经济组织法”应当采用法律的形式，这是因为我国虽然在中央层面尚无一部全面农村集体经济组织的专门性法律，但是诸多法律对农村集体经济组织或多或少作了零散的规定，除《民法总则》外，较重要的还有《物权法》《土地管理法》《农村土地承包法》《农业法》《村民委员会组织法》等法律。有些规定已经不适应农村社会的新情况、新问题，如果采用条例形式，无法突破现有法律的约束，制定出一部比较全面完善和科学的农村集体经济组织法。关于农村集体经济组织法主体与成员权的内容，笔者认为应包括下列内容：第一，总则章，包括立法依据，农村集体经济组织法人的宗旨、法律定义、基本原则、业务范围，主管机关及其职责等；第二，设立和登记章，就包括农村集体经济组织法人的边界、多级主体形式及其名称、住所、章程应当载明的事项、设立条件和设立程序以及登记备案的程序；第三，成员章，包括成员资格的取得和消灭以及成员的权利和义务。

土地股份合作的法治思考与实践规制检讨

——以广东南海改革为例*

王权典**

目　次

一、南海农村土地股份合作制改革实践由来及其成效

广东南海在农村改革40年以来,一直勇立潮头。1981年南海县委县政府颁发《关于进一步完善农村生产责任制的几点意见》,至1983年南海县全面推行农业生产包干到户责任制,1984年全县全部实行了以家庭联产承包责任制为基础、集体统一经营和农户分散经营相结合的双层经营体制。1984年中央一号文件,即《关于1984年农村工

---

* 本文系教育部人文社科基地重大项目"深化农村产权制度改革推进城乡居民基本权益平等化研究"(17JJD790018,总主持人浙大卡特中心丁关良教授,王权典系子课题负责人)的研究成果。

** 华南农业大学法学教授、硕士研究生导师,农村法治与社会发展研究中心主任,广东省法学会(华农)基地新型城镇化法治研究中心负责人。

作的通知》指出："政社分设以后，农村经济组织应根据生产发展的需要，在群众自愿的基础上设置；为了完善统一经营和分散经营相结合的体制，一般应设置以土地公有为基础的地区性合作经济组织。"1984年广东省委批转省农村工作部发布的《关于延长土地承包期，完善联产承包责任制的意见》要求"设置和健全以土地公有制为基础的地区性合作经济组织"。南海于1987后逐步在"三级"分别设立了地区性的经济合作社、经济联合社、经济联合总社，1990年广东省政府颁布《广东省农村社区合作经济组织暂行规定》，所谓农村社区合作经济组织"包括在原生产队或联队（自然村）一级设置的经济合作社，在原大队（管理区）一级设置的经济联合社，在原公社（乡镇）一级设置的经济联合总社"。1991年广东省农委颁布《广东省农村社区合作经济组织登记办法》。至1992年，南海完成了全域农村社区性合作经济组织登记工作。

1987年，南海被定为全国农村改革试验区之一，其主要涉及土地制度创新。广东省委省政府派出调研组（工作组）到南海调研帮助。调研形成了总结材料，主题是如何明确土地所有权、强化管理权、搞活使用权，尤其是搞活使用权。在全国多个农村改革试验区中，若干类似于南海的地区都主要研究如何搞活土地使用权，如山东平度搞"两田制"试验。当时的基本方针是鼓励创造、创新，允许试验。广东珠三角主要提出，将家庭承包制改"无偿承包"为"有偿承包"、改"分包"为"投包"，特别是鱼塘较多的地方。其目的之一就是"初步向规模经营迈进"，同时也有利于调整农业生产布局、增加集体积累。这是南海"搞活土地使用权"的措施，也是南海农村股份合作经济与组织产生背景的一个方面。

从另一视角观察，南海实行农业家庭经营后也出现了不少情况或问题，普遍感到农业效益比较低，不断寻找"出路"。由于南海地处广州、佛山两市工商产业"辐射圈"的交叉叠合地带，农村工副业比较发达，在中央和广东省鼓励发展社队企业、乡镇企业政策出台后发展更快，有所谓"三驾马车（公社、大队、生产队办工业）一起跑、五个轮子[镇（公社）、管理区（大队、行政村）、经济社（生产队）、联合体、个体办企业]一齐转"的"南海模式"。民营企业雄起，务工经商的外来人员不断涌进。在不断强调巩固集体经济、发展壮大集体经济实力的情况下，日益复杂的经济关系如何处理，如转移到二三产业和城市的农村劳动力和人口同原所在集体组织的关系，集体经济内部利益分配关系等问题，摆在广大干部特别是农村经济管理人员的面前。

现无从考证南海农村股份合作制是由谁先提出的。据《南海农业志》记载，1992年年初，在罗村镇下柏管理区开始研究开展以土地为中心的股份合作制试验，并制定实施方案和章程，自1993年1月1日起实行。1993年年初，又增办了里水镇沙涌管理区和平洲区夏北管理处洲表经济社两个试点，同时在其他12个不同类型的镇、区也办起14个试点。近半年的试点，收到了好的效果，市、镇领导班子（南海县于1982年撤县建市）对推行以土地为中心的农村股份合作制达成共识。

1993年南海市委市政府颁发《关于推行农村股份合作制的意见》（南发〔1993〕24号）指出，"推行农村股份合作制是深化农村改革的需要"，"是适应农村商品经济发展的需要"，"是解决农村新矛盾的需要"；并认为："我市农村经济已进入一个新的发展时期，农村工业化、城市化和农业现代化的步伐大大加快，推行农村股份合作制的条件已经成熟。为此，各镇（区）党委、政府（区办事处）、各管理区党支部（总支）必须充分认识推行农村股份合作制的重要性和必要性，把它作为深化农村改革、促进农村经济发展的大事认真抓好。"市委市政府动员全市上下拟用一两年时间，在全市农村全面建立农村股份合作制的决定。各镇于1993年下半年组织了第一批行动高潮，铺开164个点。市、镇、管理区组成上千人的工作队到基层帮助建立农村股份合作制。1993年，全市建立股份合作组织1574个，占全市经济社总数的96%，其中，以管理区为单位建立的股份合作组织177个。截至2002年年底，全市有农村股份合作制组织1485个；其中，以行政村（1999年管理区改为行政村）为单位组建的集团公司或有限公司170个，占行政村总数的76%；以经济社为单位组建的股份合作社或公司1315个，占经济社总数的96%。截至2011年年底，全市农村股份合作经济社1839个。

（一）土地股份合作制基本特征

从全国来看，农村土地股份合作制始于20世纪80年代中后期，早期探索包括广东、江苏、浙江等地。虽然实践模式各异，但基本做法有：土地折股；合理设置股权；产权界定；明确分配方式；设立治理机构。其主要形式可归纳为：一是将集体土地和经营性资产均折股量化到个人及集体，经营收益按股分红；二是仅将农户土地承包经营权股权化，组建新的股份合作社，对入股后的承包地实行统一开发经营；三是农户以土地承包经营权折价参股。〔1〕若以南海改革为例，20世纪90年代全面推行的土地股份合

〔1〕 参见姜爱林、陈海秋：《农村土地股份合作制研究述评——主要做法、成效、问题与不足》，载《社会科学研究》2007年第3期。

作基本特征;将农村土地划分为农田保护区、工业发展区和商业住宅区;将集体资产净值和土地折价入股,以本村社农村户籍人口为配股对象,按设定的股权进行分红;按章程规定产生董事会等组织机构,行使相应职能;由股份合作社直接经营或代表股东与企业签订合同租赁经营。

改革开放40多年来,随着市场经济发展和城镇化推进,家庭承包制在某些方面渐趋于僵化——问题主要表现在单个农户传统耕作方式与高效规模化现代农业要求提高土地经营水平有冲突,"人地合一"的农地政策妨碍土地使用权流转与集中,土地细碎化、经营规模小,使农地产业多寡与农民持续增收程度的关联不大;若要让农民分享城市化、工业化的发展成果,即要通过土地制度创新,在保障农民生存权的基础上实现其发展权利。为推进土地合理流转,促进农村经济发展,中央出台一系列相关政策文件,要求加强土地承包经营权流转管理与服务,健全流转市场,按照依法、自愿、有偿的原则,允许农民以转包、出租、互换、转让、股份合作等形式流转,发展多形式的适度规模经营。同时,国家相关立法(如《物权法》、《农村土地承包法》及原农业部《农村土地承包经营权流转管理办法》等)为农地流转提供了规范依据。政策促导的农地流转实行所有权归集体、承包权归承包农户、使用权或经营权归转入方的土地经营新体制,其不仅可解决经营规模过小、农地撂荒问题,还可优化资源配置,促进土地与资金、技术、信息等生产要素的合理流动,加速农业产业结构调整和剩余劳动力转移。因此,政策和立法秉承的方针是保障农民土地权益和稳定农村,即稳定和完善土地承包关系,鼓励农民转向非农产业就业,按照"依法、自愿、有偿"的原则,积极推进农地使用权流转。一般来说,通过土地租赁实现土地使用权流转是传统做法;实践表明土地租赁可以规避风险,提高土地利用效率,促进规模化经营。在双层经营体制下,发展农村土地租赁市场,允许并引导土地租赁的流转方式,是推行农地流转的有效途径。土地股份制是在坚持集体所有制前提下,把土地产权分解为土地股权、经营权和使用权,让农民拥有土地股权,集体组织掌握土地经营权,土地租佃者享有土地使用权。这种权利制衡关系可实现股份制与租佃制的结合。[1] 广东省南海区等实践表明,农民以承包经营权入股,采取多种方式合作经营,是解决农民小规模分散经营、促进农民增收的一项有效

---

〔1〕 参见刘学侠:《土地股份制:中国农村土地制度改革的方向》,载《农业经济问题》2007年第7期。

措施。

（二）土地股份合作乃农地经营及产权制度创新

许多学者从合作制和股份制相结合的角度来分析土地股份合作的创新意义，认为其是对股份制的改造和对合作制的发展。[1] 土地股份合作把股份制引入合作制，实行劳动、资金及其他要素的联合，聚集和融通各种生产要素，促进规模经营，发展生产力。从长远来看，我国要实现农地制度改革新突破，必须探寻土地集体所有制适应市场经济的实现形式，将农地制度改革从经营体制层面推向产权层面。建立起与市场经济体制相适应的现代土地制度包括四个方面的内容：一要明确主体，真正让农民成为土地的主人；二要明晰产权，界定集体与农民的土地产权关系，保障农民土地财产权；三要完善市场，建立有效的土地市场机制；四要健全有中国特色的农地产权法律制度。[2] 土地股份合作就是将股份合作制引入农地经营体制而创新产权结构和运行机制——以特定的土地权利入股于股份合作制企业，或以其作为价值要素，实行股份合作经营。无论其具体组织形式如何，实行土地股份合作制，都不能改变农民集体所有制和家庭承包制，这是改革必须固守的基本前提——任何变相剥夺农民集体所有权和取消农民承包经营权的改革，都是违反大政方针和法律原则的行为。

从实践效果来看，土地股份合作有助于集中土地开展规模经营及合理规划建设用地，提高土地利用效率，稳定增加农民收入。在坚持家庭承包制不变的前提下，土地股份合作是在农民集体内兼顾公平与效率的选择，有助于协调改善土地承包制下村社内外部关系。其实践模式在一定区域趋同一致。珠三角地区土地股份合作趋势表现出福利性与经济性、开放性与限制性相结合的特点，并由经常性调整向固化股东的剩余索取权转变；在本质上，它是利用股份合作制明晰产权功能，起到完善内部分配机制的作用。它坚持以农民土地承包权长期不变为前提，放活土地经营权，以股份形式明确农民承包权的收益功能，使其成为参与集体分配的依据；社员作为集体资产的出资积累者，按其股份额直接分享相应的集体剩余分配权，从而清晰地体现承包经营权的物

〔1〕 参见王小映：《土地股份合作制的经济学分析》，载《中国农村观察》2003 年第 6 期。

〔2〕 参见刘学侠：《土地股份制：中国农村土地制度改革的方向》，载《农业经济问题》2007 年第 7 期。

权性质。[1] 当然,无可否认,土地股份合作也使农民在土地实物上的承包经营权转变为价值形态的股份,农民不再直接拥有对土地实物的支配权;相应地,基于成员身份权和物权性质的土地承包经营权转变为股份制企业的股权,农民就业生活保障由物权保障转变为土地股份合作之股份收益保障。土地股份合作也使作为农民集体代理人的股份合作组织,成为实际的土地资产经营管理者,农民作为股份持有者在成为股份合作组织股东的同时,则可能成为其雇佣者。凭借土地经营增值收益,农村社区公共物品供给能力增强,农民基于土地提供的生活、医疗、就业等保障逐步被纳入企业化、社会化的保障体系。土地股份合作之股份收益保障相当于债权保障,其保障程度将取决于土地股份合作组织的收益水平和股份分红。若股份合作组织效益不好,股份分红很低,农民的土地收益、基本生活与就业保障等就很难保证不受到影响。[2]

(三)土地股份合作之实践条件及制约

在现行农村经营体制条件下,农民集体与外部土地经济关系主要体现在工业化城镇化对建设用地的需求上。土地股份合作改变了农村社区与外部的这种土地经济关系。其可增强农民集体行动和谈判能力,农民集体或股份合作组织按照统一规划,以联营、入股、出租等形式直接向企业等建设用地者提供工商业用地,形成农民集体借助股份合作组织直接向建设用地者供地的渠道,并将土地增值收益留归农民集体,使农民实际可分享到经济社会发展带来的土地增值收益,保障其土地财产权。[3] 由于农民集体获得土地增值收益,并且依靠这种收益由集体向农民提供福利保障,从而使农民参与工业化城镇化的机会成本降低。

土地股份合作具有一定的适应性,适于非农产业化及城镇化进程对农民土地权益的保护。但是,对土地股份合作是否是具有普适性且经济稳定的一种制度安排,能否成为我国农地制度改革的主导模式;对各类集体土地特别是承包农地,应否一律引入土地股份合作制,以及针对土地股份合作经营本身存在的风险如何规避,如何体现承包土地社会保障功能等问题,学界一直有不同认识。有人认为,南海改革试验旨在便

---

〔1〕 参见农业部"农村集体经济组织产权制度改革研究"课题组:《农村集体经济组织产权制度改革研究》,载《调研世界》2005年第1期。

〔2〕 参见王小映:《土地股份合作制的经济学分析》,载《中国农村观察》2003年第6期。

〔3〕 参见王小映:《土地股份合作制的经济学分析》,载《中国农村观察》2003年第6期。

于农地转为非农利用和发展非农经济，仅是股份制而非股份合作制，其作为农地使用权制度改革出发点是错误的——缘于法律要求赋予农民长期稳定的土地使用权，南海改革却相反，将土地使用权缩短（耕地租期3~5年，园地租期10~15年），违背了法律要求；且对农地转为非农利用没有限制。其主要做法是先把农民承包地收回集体，然后由集体组建股份公司，并依户为单位向农民配股。成立股份公司主要有两种模式：一种是以集体土地和其他资产经评估作为投资入股，根据评估结果给农户配股。大约有40%的股份公司是采用这种方式成立的。另一种是仅以土地作为资产入股，并根据不同做法给成员配股。南海区土地股份制的目的，即有利于农地转为非农利用，并非为改善农业生产，或者更有效地利用生产资料，或者对农地使用权以市场价给予可以接受的补偿。其结果可能导致大幅度减少农用地，且容易诱发农民的短期行为。[1]

二、土地股份合作之法律悖论

（一）土地承包经营权权能之嬗变

稳定家庭承包责任制的关键，在于土地承包经营权由债权性向物权性扩容，赋予农民长期有保障的土地使用权。当初承包经营权之物权性残缺主要在于处分权的缺位，即形成农地流转的障碍。因此，应当“还权赋能”——农民承包主体依法自主决定其承包经营权的转让、出租、入股、抵押等。在20世纪80年代初，主要采取合同规则调整土地承包关系；后逐步呈现运用物权法律手段加以调整保护承包者权益的趋势。如1986年制定的《土地管理法》明确：“土地的承包经营权受法律保护”；1998年修订后的《土地管理法》加大对土地承包关系的保护，规定承包期限为30年；2002年国家颁布的《农村土地承包法》对农村土地承包关系作了全面规定。曾经一度耕地流失、抛荒、破坏的现象严重，其主因在于村社干部对土地调整享有处置决定权，而农户并无实质性权利——法律未将农民承包经营权作为一种物权予以确认，其结果不仅农民权益受到根本制约，也诱致农民对土地保护漠不关心。《物权法》作为财产关系基本立法，首次将承包经营权明确为物权。根据物权法定原则，其权利的内容、效力与公示方法等都依法确定，而不能由发包人通过承包合同约定加以限制或排除。因此，发包人不能任

---

〔1〕 参见国务院发展研究中心课题组：《南海土地股份合作制在探索中完善》，载《中国经济时报》2003年5月18日，第A01版。

意设定合同条款或剥夺承包人的合法权益。权利人可以在法定范围内,对承包土地行使充分的占有、使用、收益和依法处分的权利,自主对承包权进行转让、出租、互换等各种形式的处分,从而促进农地流转,提高农地经营效率。唯有创设物权法上完整意义的承包经营权,才能真正形成土地使用权流转市场机制。

一般认为,在坚持农地家庭承包制的前提下,实行土地股份合作,即将土地承包经营权入股合资兴办企业或者合股生产,就是一种农地流转方式。如此,农民承包经营权被转化为股权且可被均分享有;而将土地经营权委托给合作组织,由合作组织实行统一规划与开发利用,农民按股分红,从而实现土地承包权与经营权的分离。土地股份合作只是将土地资产价值形态计股量化到人,并以股份形式投入合作生产,使过去虚置抽象的集体所有转变为具体的按股所有、个人持有。土地股份合作并非改变土地集体所有制,也不是对土地承包之基本经营制度的否定;农民借此对土地承包经营之权利让渡,并不意味着抛弃其承包经营权。土地股份合作转移的是农民拥有土地承包经营权的价值形态而非实物形态;其实质是将农地产权的占有、使用、收益和处分诸项权能重新配置,农民将土地使用权、处分权让渡给了集体,从而取得股份合作组织的股份,并据此参与合作管理并获得收益。农民作为享有集体成员权的主体身份以股权形式得到了表达和实现,集体成员在价值形态上对集体土地享有可辨认和流转的份额;集体组织则掌控土地使用权和处分权。可以说,土地股份合作仍保持了土地集体所有权(不变),维护农民的土地承包权,让渡放活土地经营权,并在集体、农民与经营者之间构建集体土地所有权、农户承包权、经营权"三权分离"的新型农地产权关系框架,进一步明确集体委托与农民代理的权利义务;依法确认保障农户的土地承包之财产权,并可将土地耕作经营权通过市场流转给他人,从而有利于完善物权化农地流转机制。应该说,土地股份合作基本符合国家政策与法律要求,是在坚持集体土地家庭承包制基础上的适应"产权社会化"趋向的农地产权制度创新。

(二)土地承包经营权入股之法律性质

股权问题是土地股份合作制改革的核心,其直接决定农民配股及分配的公平性。促建农业土地产权市场,引入土地价格评估机制,通过市场机制确定股改农地的市场价格。通过股权主体投资成立农业股份制公司,确定土地资源增值的经营主体。明晰土地产权股份、确定产权价格后,通过公共选择将土地划分为适于个体经营与规模经营的两类。国务院1995年批转农业部《关于稳定和完善土地承包关系的意见》就指出：在坚持土地集体所有和不改变土地农业用途的前提下，经发包方同意，允许承包方在承包期内，对承包土地依法进行入股或合股经营，其合法权利受法律保护。然而，《物权法》只规定了土地承包经营权的转让、转包、互换，对入股却没有明示。

《土地承包法》将取得承包经营权的方式区分为家庭承包和其他方式承包，在入股问题上，如同规制抵押采取不同的立法态度。对于家庭承包，规定承包方自愿联合可将土地承包经营权合股从事农业合作生产。其基本特征暨合股条件：(1)主体只限于自愿合股经营的承包农户，由其他单位或个人入股经营的，不在此列。(2)目的是发展农业经济，非从事其他工商业或服务业经营活动。(3)经营方式是从事农业合作生产，即成立以股份合作社为组织形式，而非成立工商企业组织。对于以其他方式取得的承包经营权入股经营，其入股方式则更灵活，既没有主体的限制——入股对象可以是非承包者，也可以是从事非农生产的本集体以外的个人、公司或其他组织，实践出现的"公司+农户"型合作即如此，入股目的也不仅限于农业合作生产。其中，不同方式承包的土地承包经营权入股存在差异。家庭承包之承包经营权入股领域狭窄，一般只有组建土地股份合作社，仅限于"从事农业合作生产"，主体限于承包方；而其他方式承包的土地承包经营权入股领域宽，其目的不限于农业合作生产，也可以参股进行联营、股份制经营等，主体可不限于承包方，其他单位和个人也可参股。如创办农业股份公司，则完全按市场机制配置资源。

(三)土地承包经营权入股之法律效力

从入股的法律效力上来看，承包方以承包经营权入股，主要组成股份合作组织进行规模经营。广东省佛山市等地普遍而大量存在以村为单位组建的"土地股份合作社"，但由于立法滞后，土地股份合作组织缺乏明确的法律地位，其往往与村委会同一套班子，尽管其组织形式类似于股份公司，有股东大会、董事会及经营班子，但其实并不具备公司法律人格——既无企业法人工商登记亦无税务登记。规制股份合作组织参照合伙企业法或公司法，包括经营方式、经营风险在内，入股者须遵守相应的法律规定。一旦承包人将其承包经营权作为一种股份或出资形式，投入股份合作组织中，则意味着法权形态的承包经营权权能与土地的拟制分离，农户以土地承包经营权置换股份组织成员权而取得虚拟资本的股权，股份组织取得类似于法人财产权。在此意义上,入股成为土地承包经营权流转方式之一。承包经营权在入股后,其权利行使方式就显示一种组织性。承包者既要对股份合作组织承担一定义务和责任,也承担相应的经营风险。即便是"公司+农户"式的松散型股份合作,承包方对公司也负有义务与责任,当其不能按照合同约定提供相应的农产品时,其赔偿责任自然是会产生。在此情况下,股份合作组织破产与否,就非承包者本人所能左右的。经营失策、天灾人祸、政策调整等,均可能导致出现破产情形。入股所致规模经营一旦破产,其所负债务就比单个农户经营时所可能出现的债务要大得多。为充分保护债权人利益,债权人通过法定方式行使其强制执行权,完全有可能。即使法律对入股有所限定,其实际上也无法阻止承包人因此而失去承包经营权,其依靠承包土地维持生计的可能依然面临挑战。因此,笔者认为,与其欲放还收,还不如彻底放开,只要其入股经营不改变土地农业用途,不改变土地所有制性质,不与原承包合同内容相抵触,不违背其他法律强制性规定,就没有必要去进行限制。而对农民的生存关怀自然也是很重要的,但笔者认为,这种关怀应当更多地依靠农村其他方式的社会保障体系的建立,而不是对农民土地权利的限制。

在入股方式上,《农村土地承包法》仅规定入股合作经营一种,对于实践中单纯入股的流转方式,即承包方将承包经营权入股后,由集体再流转他人经营,原承包人本人不参与经营管理,而只是依约在一定时期凭借其股份进行分红的流转方式,该法对此没有预见性的规定。在单纯投资入股的情况下,土地承包经营权由公司或合作社登记享有,农民则取得相应的股权,但当原土地承包期限到时,依物权法规定可以继续承包土地,那么继续承包的主体应如何确定,应该是公司还是股东?其实,土地股份合作制与其说是一种合作化形式的制度安排,倒不如说是一体化的一种企业制度安排。与严格意义的合作经济组织相比,土地股份合作更类似于通过合作化形式建立起来的一体化的企业组织。[1] 股份合作制企业与股份公司和合作社有若干共同点,即具有现代企业制度的基本特征:(1)独立的法人资格;(2)明晰的产权关系;(3)建立有限责任制度,实行自主经营、自负盈亏;(4)建立企业内部的高效运行机制及更加开放的经营系统。在土地股份合作制条件下,农民以其承包地投资于股份合作制企业、农场或股份

〔1〕 参见牛若峰:《农民集体所有土地股份合作制的前提和根据》,载《调研世界》2000年第7期。

合作社，确实拥有了土地股权，这是无可置疑的事实。然而，应该看到，这种土地股权与理论严格意义上的股权，存有较大差距，除收益权外，其他方面都有“折扣”——主要表现在：第一，农民作为集体土地的原有承包者，在入股选择上并没有完全的自由。特别是在一个村组范围内组建股份合作组织时，农民往往没有选择的自由，除集体组织一定的行政力量起作用外，主要还是经济上的依附力迫使农民不得不参与，而且只能入股本村组范围内的股份合作组织。第二，不能转让或继承。土地股权一般按人头（加上年龄差异）分配，基本上是以原承包地数量为股权数的参考标准。人去世之后，股权自然转归集体。第三，股份合作制表决规则是“一人一票”，而非“一股一票”。第四，不能自由买卖。可见，农民土地股权只是一种不可转让、仅可作为获取收益分配凭据的“剩余索取权”，并没有相应的股权全部权能，是一种不完整的股权，至多可称之为“准土地股权”。[1]

（四）法制调整滞后致使股权制度僵化及利益纷争

南海土地股份合作制初创于20世纪90年代初，当时我国相关法律体系并不完善，《农村土地承包法》及《村民委员会组织法》均未出台，《土地管理法》也是几经修改，针对集体经济组织规范管理的《广东省农村集体经济组织管理规定》也是2006年颁布，国家或地方立法调整均不到位。南海股份合作制探索长期面临着无法可依的困境，使股权管理制度变了又变，股份合作制的日常运行不太稳定规范。南海虽然先后探索由“固化到人”到“确权到户”的股权管理制度，初始普遍规定“五不准”（不准转让、不准抵押、不准赠送、不准继承、不准退股取值），股权不能转让、抵押、继承、买卖，缺乏流动性，农民只享有收益权。股权制度的僵化，使股权具有福利性、封闭性，无法充分体现股权的市场价值。“固化到人、出资购股、合理流动”，“生不增，死不减，入不增、出不减”的股权管理模式一定程度上缓解了矛盾，其制度效率有所提升，但随着时间的推移、累积，新的矛盾问题又显现。特别是实行“固化到人”以后，随着人口的增减，形成“生人无股权、死人有股权”的现象，并且出嫁女及其子女、退伍军人、自理口粮等特殊群体也产生对股权的利益诉求。导致其良性运行困难重重。当时南海县级层面难以出台政策对股权分配、管理等进行有效的指导，更无法强制推行制度安排，未形成全区

---

〔1〕 参见黄少安：《从家庭承包制的土地经营权到股份合作制的“准土地股权”》，载《经济研究》1995年第7期。

域统一股权管理模式。各个股份合作组织各自采用不尽相同的管理模式，在股权管理模式、股权取得条件、特殊群体问题处理等问题上不一，主观性强，容易造成同一类人，在某个村社可成为股东，而在另一村社却不具有股东身份的情况，各村社之间相互攀比，导致出现矛盾纠纷。

三、完善土地股份合作制之法治考量

（一）关于土地股份合作之适应性

土地股份合作较适于农业产业化规模经营，具有良好的发展前景，但严格限制农地非农利用，须防止变样走调。有的地方明确提出走"农业产业化经营＋股份合作制"之路，当有积极意义——制度安排具有股份制与合作制相结合的优点，可发挥相得益彰的规范促进作用。土地股份合作作为社区合作经济模式当有代表性。自实行家庭承包制以来，农村集体经济组织被称为社区合作经济组织，并非名副其实，因其不少并无合作制的本质内涵和运行机制。解决问题的途径之一即按照土地股份合作的原则，以土地集体所有权和农民承包地使用权为基础，在社区内组建土地股份合作社。土地股份合作社应当是集体土地产权主体，以拥有承包地的农民为社员，除土地股外，还可设资金股，其奉行产业化经营的运行机制。实践表明，土地股份合作社作为改造以土地集体公有制为基础的社区集体组织的制度安排，可成为农村社区合作经济组织的适宜模式，在其取得区域试行成功经验后予以借鉴推广。

然而，土地股份合作未必是经济稳定且具有普适性的制度安排，未必能成为我国农地制度改革的基本模式。[1] 首先，从立法变革要求来看，农地制度改革重在于构建完善土地承包经营权物权化的实现保障机制。如何在城乡之间公平分配土地增值收益，已成为土地政策改革和相关立法调整的基本共识。在城市居民获得自有住宅进而获取不动产增值收益的今天，须改革现行农地征收制度和集体建设用地流转制度，建立普适可行的制度安排，保障农民参与分享农地非农化过程中的增值收益。实行土地股份合作制可把农民分散的土地集中起来由集体统一规划安排为基本农田和建设用地。除通过土地集中和规模经营取得较大收益外，重要的是可在现行法律框架内以土

[1] 参见王小映：《土地股份合作制的经济学分析》，载《中国农村观察》2003 年第 6 期。

地入股方式直接向地产市场供应土地，实现对国家征地的合法规避，将农地转用之增值收益留归村社集体。土地股份合作制是一种特定条件下过渡性的制度安排。实行土地股份合作制较成功的地区往往是工业化城市化程度高、第二和第三产业较发达、农村人口大量非农化转移的地区。其次，土地股份合作是一项实施成本相对较高的制度安排。从土地股份合作的实施来看，对农村土地和其他财产价值进行评估和股份量化，本身就是一项成本很高的工作。从创制目标来看，土地股份合作组织既要为农村社区成员提供福利保障，又要为社区公共物品的供给筹集资金，还要实现赢利和积累。这种制度安排所追求的多重目标从根本上决定其运行成本也相对较高。

政府是土地一级市场的唯一供应者。《土地管理法》规定，除乡镇企业用地、农村公益事业用地、农民住房用地，其他新增建设用地要占用集体农用地的，须经国家统一征收集体土地转为国有土地后由政府统一供应；若集体兴办乡镇企业或以集体土地与城市企业联营、入股的，可继续保留集体用地性质，无须国家征地。《土地管理法》在1998年修改后仍明确土地用途管制且强化这种征地制度。这意味着，被征地者只能得到征地补偿费，而不能获得农用地转用的增值收益。现行法律制度为农民(集体)获得潜在的土地增值收益也提供了一定的依据，即农民(集体)可通过兴办乡镇企业或者以土地联营、入股的方式直接向地产市场供应集体建设用地。这也是土地股份合作之所以成为必要的原因。

(二)关于土地股份合作之创新性

广东南海模式的土地股份合作最重要特点为：由村(组)集体直接向地产市场供应建设用地，实现由村社分享增值收益的目的。改制结果是，将土地承包经营权股份化，将承包权改变为股权，使土地出租和征用变得简易。[1] 从珠三角土地股份制普遍通过农业土地出租、集体建设用地出租和物业出租收租之“三租”模式，村社向投资者提供成片土地租赁方便，且有利于土地规模化集约利用，这正是土地股份制的优点。所谓土地股份制是在承包制基础上的制度创新体现在农村社区内部土地经济关系方面：一是集体与农户之间以承包方式按照政策法律要求在承包合同中约定农户的权利与义务，农户享有承包经营权，在土地用途管制下民主参与土地利用、投资、处置等方面

〔1〕 参见陈海燕：《股改方便了政府征地？——佛山农村股份合作制改革再调查》，载《南方农村报》2008年3月25日，第4版。

的决策；二是农户的土地承包经营权具有相对独立性和排他性，其在一定效力范围可对抗集体，非法定情由集体不得随意调整、收回和处置农户承包地；三是村社集体按“人人有份”的原则进行土地发包，承包地成为农民最基本的生计保障。因此，土地股份合作在一定程度上改变了土地承包制下的农村社区内部关系。[1]

土地股份合作制也是基于土地集中实现合作化规模经营，农户入股土地资产的多少决定其股份分配收益。因此，土地股份合作的另一基本特征是将土地资产进行股份量化并实现集中，并按股份分享收益的股份制。一方面，其是按照公平原则实现土地合作化的一种方式；另一方面，又是实现社区多重目标的一种制度安排。股份制既为社区成员提供社会福利保障，又为社区供给公共物品，还要实现自身的赢利和积累等；在股权设置上包含有如集体股和个人股、基本成员股和普通发展股等不同的股份，有的地方按照社区成员的年龄设置股份，并且随着社区人口变化股份跟进调整。可以说，资产和收益的股份化是土地股份合作与其制度安排的方式以及社区多重需要密切关联的制度特征。

土地股份合作制还有一重要特征是一体化决策权的集中。土地股份合作在以股份合作方式实现组织管理形式一体化的同时，将分散在各农户手中的土地集中，并把众多农户在用地、经营、投资、处置等方面的分散决策机制，改变为由股份合作组织集中统一行使土地决策权的机制。土地股份合作制正是以股份化、合作化的方式实现了组织和管理一体化，以股份化的收益分配形式满足了社区的多重需要以及将市场风险分散化，在一体化基础上以决策权的集中实现了对土地增值收益、土地规模经营收益等各类潜在收益最大限度的挖掘。

（三）关于土地股份合作之局限性

以南海为代表的土地股份合作模式之所以成效不错，主要在于其适应工业化城镇化发展的需要，将土地非农化级差收益保留在集体内部——农民通过土地承包权获得配置股权，将土地交给集体统一经营，或直接出租土地或建成厂房出租，获益后再分红。但在非珠三角的粤东西北地区推广成效不大，更不用说在相对落后且以农业为主的内地得到有效推广。然而，南海土地股份制社员股权只是享有分配权的凭据，其一

---

〔1〕 参见王小映：《土地股份合作制的经济学分析》，载《中国农村观察》2003年第6期。

般不得对外转让，不得抵（质）押或退股变现，部分可有条件的继承或内部转让。可见，其对土地资本认识有限或闭门造车，不利于资源优化配置。另外，南海土地股份制缺乏广泛的公众参与，农民参与度普遍低至50%；其实施透明度也较差，似乎无退股的自由选择，股东非能真正选择退股并保留农地。

然而，由于土地产权残缺、土地市场不完善，土地股份制改革难以普适可行。南海土地股份制股权设置体现社员股东的福利性，不足以体现增量收益公平分配的原则，不利于合作经济发展积累；股份制经营好坏对股东福利分红水平影响不大，有悖于股权管理原则，不利于股权资本化、社会化。若能考虑原股东按每股资产净值的一定比例有偿取得股权，新增成员要按每股净资产足额确定相应的股权，改无偿为有偿的配股，便可发挥股份制融资功能，把股东闲散资金转变为集体经营资产，有利于增强股东权责意识，淡化福利观念，有利于股东关心集体资产保本增值。南海土地"股改"的基本模式是"人人持股、均股等分"，从而造成股权平均而分散。由于股权流动缺乏实操办法，经营管理者的利益与一般股民的利益无差别，使经营管理者缺乏进取的内在动力，因而其经营普遍采取守势，求稳怕冒风险是多数经营管理者的心态，股份经济合作社似乎成为新的"集体企业"，"大锅饭"和"平均主义"的弊端依然存在。

（四）关于土地股份合作之可规制性

股权问题是土地股份制改革的核心，直接决定农民股份多少及其公平与否。结合土地产权和户籍关系，在社区集体组织内部按人口来界定和分配土地股权，以体现同一社区农民土地权益的平等。由此，解决农地承包"增人不增地、减人不减地"的困惑，在新增人口若无承包地的情况下，可参加集体收益分配以保障基本生活；在不解除承包合同的前提下，去世人口不再参加分配，从而保证土地制度稳定性和分配公平性。股份公司可能不完全代表股东争取地租收益。鉴于土地股份制以资本合作为基础，无论是其决策过程还是分配形式均强调资本本位；但要促建农地产权市场，引入地价评估机制，合理确定股改地的市场价格。实现土地产权价格化实质是土地产权资本化，通过价格评估确定土地产权股份的配置流转，决定决策过程土地资源流向和收益分配关系处理。

实践中农地入股有多种方式，一般为承包者将土地承包经营权以折股形式与其他生产要素结合，在自愿基础上组建股份合作组织参与经营管理，按入股比例参与分红。

鉴于股份合作组织与社区集体组织重合，南海区主要采取农地入股付诸集体经营的方式，土地承包权可以租金分红形式呈现资本化，较充分地保障农民土地权益。若流转显性成本与隐性成本均为零，即不存在集体侵占，农民脱离土地的成本低，只是放弃直接耕作权，而获得除稳定的土地收益保障外，可获得非农产业就业收益，同时，为工业化发展提供劳动力。另外，该方式改变了农业小规模家庭经营的状况，集约化、产业化水平较高，流转收益明显高于传统农业收益。因此，农地入股之流转方式即便单纯入股而不参与合作经营之流转实践也不无不利，法律对其不加以规制，应属不当，故有必要将其纳入立法规制范畴即如：(1)明确规定入股为土地承包经营权流转方式之一；(2)明确入股的法律效力，采取入股方式流转的，原承包关系不变，承包方仍要履行承包合同的义务。

四、后续改革：土地股份合作法治化之必然选择

广东南海土地股份合作制实践探索近 30 年，已普遍存在以村社为单位所建立的“土地股份合作社”，但由于立法滞后，土地股份合作社长期缺乏明确的法律地位，其往往与村委会同一套班子，尽管其组织形式类似于股份公司，也有股东大会、董事会及经营班子，其实并不具备公司的法律人格——既无企业法人工商登记亦无税务登记。当地政府调控股份合作制组织运作包括经营方式、经营风险等，比照合伙企业法或公司法，要求入股者遵守相关法律规定。一旦承包人将其土地承包经营权作为出资入股到合作组织而进行合作经营，则意味着法权形态的承包经营权权能与土地的拟制分离，农户以土地承包经营权置换股份制单位成员权而取得虚拟股权，股份组织取得类似于法人财产权。[1] 于是，入股成为土地承包经营权流转方式之一。承包经营权在入股后，其权利行使方式体现组织性特征——承包者既要对股份合作组织承担义务及经营风险责任。即便是“公司 + 农户”式松散型股份合作，承包方对公司也负有义务与责任，当其不能依约提供相应的农产品时，一般就产生赔偿责任，除非有免责约定。在此情况下，股份合作制组织破产与否，就非承包者本人所能左右。其实，农耕经营破产风险也是存在的，经营失策、天灾人祸、政策调整等都可能导致破产。由入股所致的规模

〔1〕 参见蒋省三、韩俊主编：《土地资本化与农村工业化：南海发展模式与制度创新》，山西经济出版社 2005 年版，第 76 页。

经营一旦破产，其所负债务比单个农户经营可能出现的债务要大。为充分保护债权人的利益，债权人通过法定方式行使其强制执行权，完全有可能。即使法律对入股给予种种限定，也依然无法阻止承包人因而失去承包经营权，其依靠承包土地维持生计的可能面临挑战，立法初衷永远只是一个难以达到的良好愿望而已。因此，还不如彻底放开，只要入股经营不改变土地农业用途，不改变集体所有制性质，不与原承包合同相抵触，不违背法律法规的强制性规定，就无必要进行限制。而对农民的生存关怀当然也很重要，但笔者认为，这种关怀更应当依靠农村社会保障体系的建立，而非对农民土地权利的限制。〔1〕

南海全面推行土地股份制以来，高收益分配诱使集体经济组织内部利益矛盾愈加突出，纷争不断，各利益群体为分配问题而不断地展开与集体经济组织的博弈。21 世纪以来，随着城镇化新进展与集体经济实力增强，以村民身份作为农村利益分配主要依据的分配制度，使村民不愿轻易放弃村民身份，城乡之壑无法抹平；更有其他利益群体争食这块“蛋糕”，如出嫁女及其子女股权之争甚为严重。南海农村集体组织运行机制和集体资产管理原本隐存种种问题或者不断出现新的矛盾。如集体经济组织成员权界定、股权争议（特别是外嫁女问题）、“政社合一”、集体资产监管等。这些新旧隐患或问题，逐渐成为发展壮大集体经济和社区综合维稳的巨大阻力，必须进行新的深化改革。

中共中央、国务院在《关于稳步推进农村集体产权制度改革的意见》（中发〔2016〕37 号）中明确指出，进行集体资产股份合作制改革，应发挥农村集体经济组织功能作用，因地制宜探索农村集体经济有效实现形式；《关于加大改革创新力度加快农业现代化建设的若干意见》（中发〔2015〕1 号）提出，抓紧研究起草农村集体经济组织条例，尽早将农村集体经济组织立法纳入国家立法计划，赋予其法人地位。股份合作组织因其自身带有社区性、地域性和封闭性，而成为与其他一般民事主体相区别的“特别法人”，然而，我国法律对于股份合作组织的规制缺失，集体经济发展的顶层法律制度严重缺失。在实践中，其呈现虚化与缺位、组织形态纷杂与失范等极为混乱的景象。于此，《民法总则》以民事基本法的形式赋予其“特别法人”地位，意义重大。但其规定过于简

〔1〕 参见王权典等：《土地股份合作之法经济学分析与实践规制检讨》，载《农村经济》2013 年第 2 期。

单,迫切需要理论及立法对相关问题予以明晰。

2014年中央一号文件提出:"抓紧抓实农村土地承包经营权确权登记颁证工作,充分依靠农民群众自主协商解决工作中遇到的矛盾和问题,可以确权确地,也可以确权确股不确地。"2015年中央一号文件强调"总体上要确地到户,从严掌握确权确股不确地的范围"。确权是赋能的前提;确股是基于确地的延伸,即农户先有承包地明晰的产权,再按自愿选择入股实行土地股份合作。明晰的产权关系是对承包地行使处置权能的前提:一是产权对象明确,即承包地确定;二是产权权利人明确,一权一主。若从处置权的角度来看,两种确权方式的结果截然不同。若确地块,农户处置权的对象显然是具体地块的承包权与经营权;若确股份,农户处置权的对象则是股份而非具体的承包地。在确股的情况下,承包农户对承包地占有、使用的权利可能难以保证,导致权利弱化;确权的作用仅限于明晰产权,无法提供产权保护,确权的效力需要配套的制度保障。但是,确权不能弱化农民的产权保护,更不能削减其他权能。"三权分置"下土地利用还面临着若干问题"瓶颈":一是土地权属定性不明;二是权利主体身份不清;三是两权抵押融资不能;四是流转获益途径不畅;五是人地两隔管理不便。

在城镇化发展需要盘活农村资源、农民渴望集体资产保增值的双重动力下,旨在建立"归属清晰、权能完整、流转顺畅、保护严格"的集体产权改革启动。珠三角农村股份制改革探索的路径和模式不尽相同。集体经济组织公司化改制登记存在法律障碍:公司法规定股东人数不能超过200人,但绝大多数的集体经济组织股东超过200人;集体经济组织名下的土地,改革当初保留了集体建设用地性质,而股份公司名下的土地则是国有建设用地。我国涉及集体经济组织的立法规范虽多,但更多的是分散的原则性或模糊性规定,缺乏国家层面的农村集体经济组织立法。改革实践亟待统一农村集体经济组织立法,将集体经济组织行为纳入法律规制范畴,使各地集体产权改革有法可依。从长远来看,农村股改制度设计是要明晰产权,建立起"固化股权、出资购股、定期调整、合理流动"的股权制度,为市场化做准备。然而,"固化股权"备受争议,难以一劳永逸。

就当前"三权分置"改革而言,强化集体土地所有权及其有效实现,依然是我国农村土地制度改革需要把握的逻辑起点和最终归宿。在"三权分置"改革设计中,土地股份合作模式被视为"落实所有权"的有效路径,已经是决策高层和实践界的共识。2016

年中央一号文件就提出，“鼓励发展股份合作，引导农户自愿以土地经营权等入股龙头企业和农民合作社……”其意味着要在“三权分置”改革语境下，鼓励发展土地股份合作社，土地股份合作制可以被理解为农民（户）以入股方式流转土地经营权，把分散的承包地集中到土地股份合作社，委托合作社对土地进行统一整理开发和经营；农户依然保留承包权，并按照股份获得一定比例的土地经营收益，即所谓：“土地变股权，农民当股东，有地不种地，收益靠分红。”于是，集体所有权的代理人具体落实到重新组织化的农民集体即土地股份合作社。土地股份合作社是通过集体股与个体股的设置来体现产权主体对收益的分配权。就实践形态而言，土地股份合作社存在两种基本形式：一是由农民单纯以土地入股的“内股外租”型；二是将承包地与其他集体资产统一入股或折股量化的“作价入股”型。无论选择哪一种类型，土地股份合作的收益来源主要是两个方面：经营性收益和政策性收益。其中，经营性收益包括土地规模化种植以及加工、销售等经营环节的增量收益。政策性收益主要是地方财政对土地流转安排的项目补助或以奖代补的资金支持。

五、基本结论

总之，农村土地股份合作是特定条件下的过渡性制度安排。其初始较有成效不可脱离一定外部条件——兴起于工业化和城市化程度高、第二和第三产业极其发达、农村人口大量转移的地区。那些农业成分依存度较高、面临市场约束和政策管制土地“农转非”困难或者建设用地收益不够高的地区，若“一窝蜂”式地推行土地股份合作，致使农民收益增长预期不乐观，农民就会要求退出股份合作组织、收回承包地，如此就难以实现赢利积累而可持续发展。因此，既要允许有条件的地方积极探索土地股份合作的模式，不断总结经验，也要对土地股份合作的理论困惑与实践操作的某些混乱或偏颇问题，加以认真研究分析，明确法律规制的基本框架。随着“三权分置”改革经验认识的入法，推动土地股份合作法治化是后续改革的必然选择。

农村产权制度改革

乡村振兴视野下农村土地产权改革的法治路径思考

——以内江市实践为例

王邦习[*]　颜　华[**]　郑　强[***]　马晋川[****]　曹志程[*****]

目　次

党的十九大报告提出“乡村振兴战略”，要“巩固和完善农村基本经营制度，深化农村土地制度改革，完善承包地‘三权’分置制度”。四川省委、省政府为贯彻党的十九大精神和认真落实2018年中央一号文件——《中共中央、国务院关于实施乡村振兴战略的意见》，于2018年1月22日印发《关于实施乡村振兴战略开创新时代“三农”全面发展新局面的意见》，确定“深化农村土地制度改革”和“深入推进农村集体产权制度改革”等农村改革主攻方向，以激发城乡融合发展活力。没有调查就没有发言权，没有分

* 四川省内江市中级人民法院院长。

** 四川省内江市中级人民法院副院长。

*** 四川省内江市中级人民法院政研室主任。

**** 四川省内江市中级人民法院政研室副主任。

***** 四川省内江市中级人民法院法官助理。

析就没有政策权。尤其是深入学习贯彻习近平总书记来川视察重要讲话精神，学习贯彻习近平新时代中国特色社会主义思想，我们在实践中，必须把握市情，立足内江市新时代发展新机遇、新优势、新格局、新跨越；必须找准方向，抓好、做好农业农村改革等经济体制改革这个突破口，巩固深化农村土地产权制度改革，探索出内江市特色的乡村振兴新路子；必须坚持法治思维，加强改革政策与法治融合，稳步探索农村土地产权改革综合配套运行机制创新，努力推动自治、法治、德治相结合的乡村治理体系构建与完善。

一、乡村振兴下农村土地产权改革的法治转向

实现乡村振兴，首先就要解决好“三农”问题，而“三农”问题的根本是土地问题。2016年10月，根据中央全面深化改革领导小组的审定情况，中央办公厅联合国务院办公厅颁布了《关于完善农村土地所有权承包权经营权分置办法的意见》，正式拉开了我国农村土地“三权分置”的改革序幕。农村土地“三权分置”创新了我国农村土地集体所有制在新时代有效实现的方式，是土地所有权与承包经营权“两权分离”的完善与创新，是新时代落实乡村振兴战略的重要支撑。

马克思研究认为，在资本主义经济中，土地所有权和经营权或使用权既可以是统一的，也可以是分离的，但其典型情况是土地所有权和土地经营权或使用权相分离，马克思把这种分离归结为“资本和土地的分离、租地农场主和土地所有者的分离”。[1]按照马克思的所有制理论和产权理论，社会主义市场经济的生产资料所有制必须坚持以公有制为主体，多种所有制共存；相应地，在产权方面，必须坚持以公有产权为主体，多种产权制度并存，我国现行《宪法》明确规定了我国的农村土地除国家所有以外的集体所有制，并确立了农村集体经济组织实行家庭承包经营为基础、统分结合的双层经营体制，可见，我国的农村土地实行所有权与使用权分离的产权制度。

2018年2月，习近平总书记来川视察，在成都市郫都区战旗村考察时，在了解到这里率先推行农村集体产权制度改革时，他强调，要把发展现代农业作为实施乡村振兴战略的重中之重，把生活富裕作为实施乡村振兴战略的中心任务，扎扎实实把乡村振

---

〔1〕《马克思恩格斯全集》(第25卷)，人民出版社1974年版，第847页。

兴战略实施好。党的十八大以来,中央连续出台了六个以"三农"为主题的一号文件,印发了关于土地"三权分置"、集体产权制度改革、发展适度规模经营等政策、措施的重要文件,提出用发展新理念破解"三农"新难题,积极实施乡村振兴战略,推进农业供给侧结构性改革。乡村振兴战略的核心任务是解决"三农"问题。通过农村土地流转为主的土地制度改革,实现农村生产要素有效流转,则是解决"三农"问题的关键。稳定、明晰的土地产权制度有助于从根本上调动农民的积极性,实现农业、农村经济的持续、稳定发展,进而影响整个经济社会发展。明确的土地产权与完善的权能将为实施乡村振兴战略奠定坚实的基础,在不同土地产权制度安排下,土地资源配置和使用效率存在差异,进而影响全要素生产率与经济增长,也最终影响经济社会发展格局。[1]

近年来,理论与实务的研究者围绕农村土地产权改革的研究成果非常丰富,这些研究成果从不同视角、不同层面、不同方法,对农村土地产权改革相关内容进行了深入研究,大量关于农村土地产权改革与法治相关的研究文献揭示出农村土地产权改革的法治路径转向更加清晰。

二、农村治理体系与农村土地产权改革的法治逻辑

乡村振兴战略,是党中央在深刻认识我国城乡关系变化趋势和城乡发展规律的基础上提出的重大战略,其总要求的实质是治理绩效和经济绩效问题。农村治理和农村经济发展具有一致性,且农村经济的发展为农村治理模式提供了新的发展思路。就农村治理而言,"中国农村经历了互助组、农业初级合作社、农业高级合作社和人民公社的治理过程。最终,人民公社的治理模式被确定下来,一直延续到家庭

〔1〕 从经济学角度来讲,投资、劳动、资源等要素的大量投入属于经济增长的旧动能,而全要素生产率(Total Factor Productivity,TFP)属于新动能,因此,推动新旧动能转换与供给侧结构性改革是一脉相承的,都是为推动经济增长方式由投资驱动型向全要素生产率驱动型转变,其本质都是解放和发展社会生产力,提高全要素生产率。全要素生产率是供给侧因素的重要组成部分,指的是在经济增长中扣除各类要素(如资本和劳动等)投入贡献后的剩余部分,也是衡量经济增长质量的重要指标。全要素生产率增长被认为是经济增长的长期动力(Krugman,1994; Hall & Jones,1998),甚至以Solow为代表的新古典经济学认为,能够长期促进经济增长的唯一源泉就是全要素生产率。参见孙国茂、孙同岩:《经济增长中的全要素生产率研究——以山东省经验数据为例》,载《东岳论丛》2017年第11期。

联产承包责任制实施之前”。“土地分散、农户单干的经营方式成为阻碍中国农村向集约化、专业化、高技术化的现代农业发展的‘瓶颈’。”[1]用乡村的独特资源优势来发展乡村,完善基层治理体系成为理顺农村土地产权改革的法治逻辑的必然路径。本文将以内江市辖区市中区、威远县、东兴区三地有关农村土地产权改革与农村治理现状调查为例。

土地产权改革成果能够折射基层治理能力水平得到显著提升。土地流转中的风险往往是公共政策受益不均,利益分配不平衡,农民权益受损,配套制度机制不完善;纠纷解决的一般规律是越靠前越能降低难度,节约成本,诉源治理效果就越好。通过科学的制度设计有利于更好地强化治理能力,管住风险源头,达到风险防控。内江市丘陵地区统筹城乡发展新路子,形成“三自一引”(村民自愿、自主、自治和党组织引导)、“五步工作法”及以“航拍+调绘+实测”等为内容的土地确权“内江模式”和土地承包经营权退出“三换”模式等,被评为“全省重大农村改革任务2017年度推进示范区”,土地承包经营权退出“三换”模式、农村合作经济组织联合会创建等改革经验入选原农业部《农村改革试验区改革实践案例集》。

强化“农民—村集体”的利益关联性能够促进产业融合更好发展。农村土地产权改革促进农业规模经营,一方面,能够更好挖掘土地的价值,显现承包权的价值;另一方面,更是丰富了村级基层的治理主体和利益结构,进而强化了农民和村集体之间的利益关联性,带动乡村一、二、三产业融合发展。乡村产业得到发展,更能够增强农村对农民的吸附力,带动工商资本下乡进入农村,农民返乡创业。近年来,威远县大力实施乡村振兴战略,做好“农旅融合”,深入实施“12345”现代农业产业提升行动和“351”特色农业产业实施方案,逐步打造形成了以“十里荷塘”、大冲桑葚紫薇采摘园、白石桂圆采摘园、四方村新农村综合体、南强无花果第二采摘区、中坝古村落、帽塘葡萄采摘园等为支撑的无花果产业带农村休闲旅游景点,实现了“产区变景区、田园变公园、农产品变商品”。

乡村治理机制创新能够引领幸福美丽新村新风尚。随着农村经济的进一步发展和农村社会的逐渐成熟,乡村自治体制逐步提升,应当把幸福美丽新村建设作为推动

---

[1] 周凤婷:《中国农村治理结构分析与初步设计》,载《前沿》2010年第10期。

农业农村发展的重要举措和目标。调研东兴区时了解到，近年来，东兴区按照“小规模、组团式、生态化、微田园”的模式，以“新村带产业、产业促新村、产村互动相融”为建设思路，突出景点打造、设施配套、乡村治理三大重点，完善综合服务体系，抓好园区法治、德治和村民自治，建设独具特色的田园综合体，建成幸福美丽新村 193 个，创建省级“四好村”20 个，市级 118 个，区级 176 个。并且该区按照“‘一核多元、合作共治’的新型农村治理机制，推进基层党组织建在产业上、建在集居区”，在高粱镇杨岭村“荷花”基地、中山镇“桃花”基地等支撑产业上建立党支部 87 个；在苏家乡临江村等推行“村民说事”制度，形成“说、商、办、评”为主要内容的新型乡村治理机制，化解矛盾纠纷，为健全自治、法治、德治相结合的乡村治理体系奠定基础，提供可借鉴的经验；以“民事村办”方式办理为民服务事项。

三、乡村振兴下土地产权案件实证与剖析

“小事不出村、大事不出镇、矛盾不上交”的“枫桥经验”，是判断基层治理能力和水平的重要检验标尺和化解矛盾纠纷的实现目标。实践证明，村基层组织一旦软弱涣散，在推进土地产权中，就会矛盾不断、纷争不止。同样，一个地区的土地产权司法案件状况，也能够反映当前农村治理、基层治理状况。就此，本次调研在结合裁判文书网公开数据、内江市辖区审理土地产权案件调研材料的基础上，进行了实证剖析。

（一）土地产权司法案件的实证分析

实证分析样本来自 OpenLaw 网站（网址：http://openlaw.cn）。在 OpenLaw 裁判文书（来自全国依法公开裁判文书）检索系统中输入“土地”这一关键词，并将地区限定为“内江市”，进行检索，截至 2018 年 5 月 27 日，共检索到 2660 个裁判文书（四川省为 113,637 件，内江市只占全省案件总数的 2.34%，案件爆发数量少，这与内江市土地产权改革工作领先全省相一致）。[1]

一是样本案例反映土地案件总体呈高增长趋势。涉土地产权的案例是农村土地产权改革实践情况的一面镜子。如图 1 所示，从年度来看，样本案例年度裁判文书的

〔1〕 人民法院在互联网公布裁判文书主要始于 2014 年 1 月 1 日。此前公布的裁判文书并不多。

件数在2014年至2017年总体呈增长趋势，2018年1～5月裁判文书件数为72件，反映内江全市在完成土地确权工作方面效果明显。

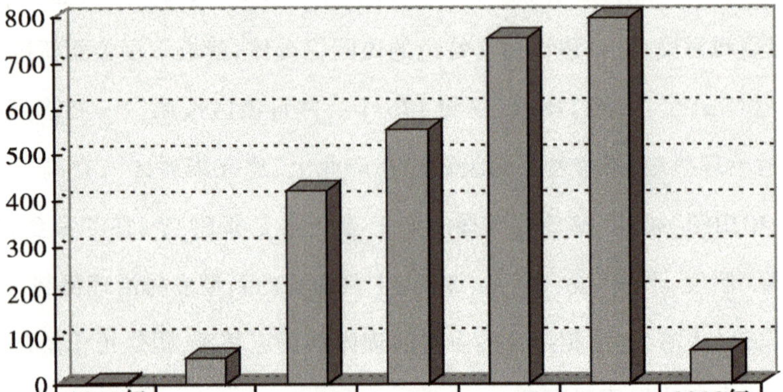

	2012年及以前	2013年	2014年	2015年	2016年	2017年	2018年1~5月
■裁判文书件数	4	57	421	556	752	798	72

图1 样本案例年度裁判文书案件数

二是样本案例的案由反映出土地案件法律风险形式复杂化。在样本案例的各类案由中，土地案件以民事案件居多，刑事犯罪案件（2.41%）、行政诉讼案件（7.40%）也有所涉及。如图2所示，在民事案件中，首先，合同、无因管理、不当得利纠纷最多（1437件），占案例总数的55.65%；其次，民事执行（354件）、物权纠纷（245件），分别占案例总数的13.71%、9.49%；最后，还存在婚姻家庭、继承纠纷（78件），侵权责任纠纷（129件），适用特殊程序案由案件（30件），人格权纠纷（22件）等。刑事案件主要是侵犯财产（40件）、贪污贿赂罪（24件）等，主要是在农村征地拆迁中实施的诈骗犯罪与职务犯罪。行政诉讼案件（191件），分别是资源行政管理（102件）、乡政府（36件）、城乡建设行政管理（31件）、公安行政管理（7件）、民政行政管理（5件）、环境保护行政管理（1件）、其他行政管理（8件）等。反映出在实践中，由于土地涉诉案件的风险因素较杂、风险概率较大、风险频率较高、风险程度较深，风险诱发的各种涉诉矛盾纠纷自然较多且复杂。

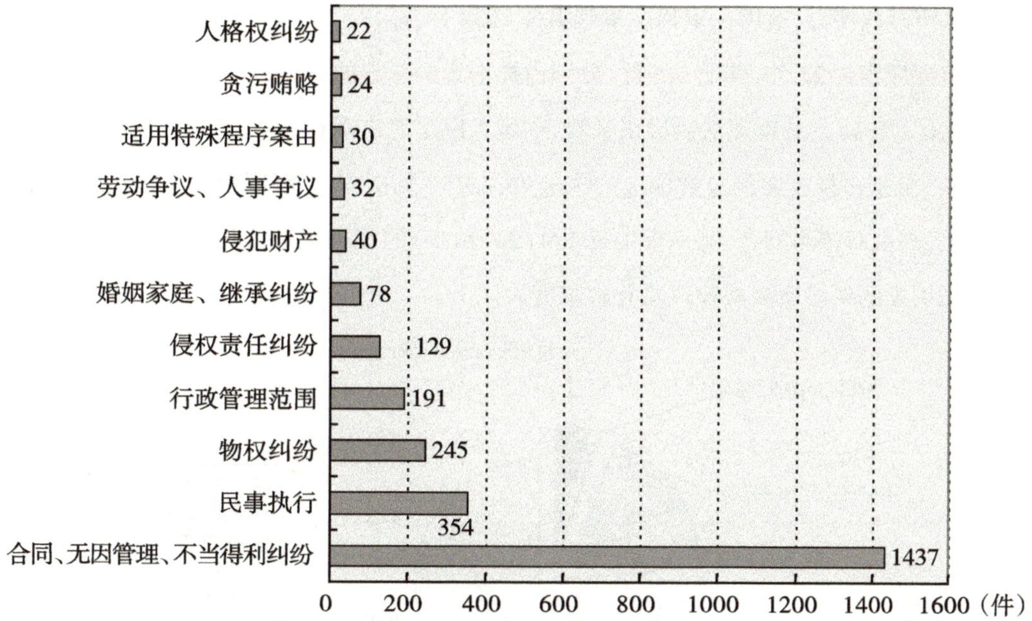

图 2　样本案例的案由情况

三是样本案例的管辖法院反映出内江辖区土地产权案件不平衡。如图 3 所示，在样本案例的管辖法院中，基层人民法院以资中县为多（470 件），从多到少依次为隆昌市（439 件）、东兴区（417 件）、市中区（367 件）、威远县（332 件）。市中级人民法院（635 件）主要是审理二审案件，反映出土地产权案件上诉率普遍较高。

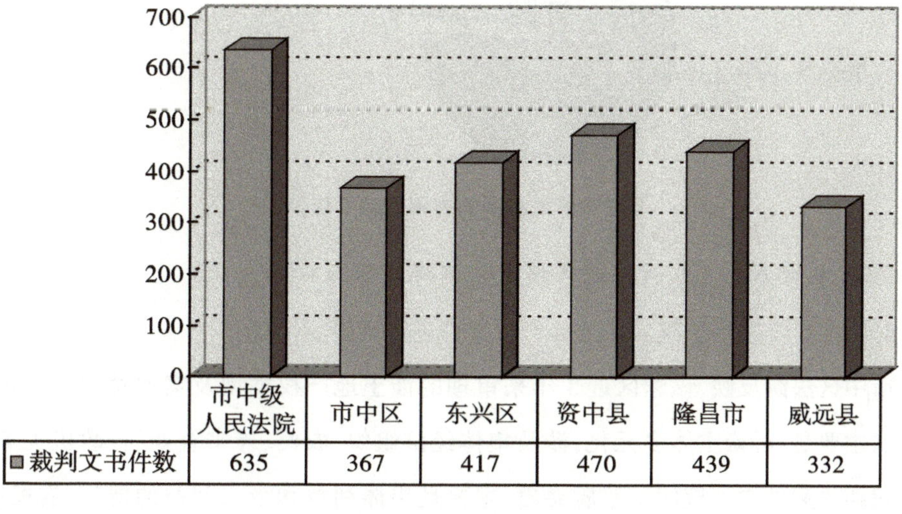

图 3　样本案例的管辖法院分布情况

四是样本案例的审理程序反映出法院审理土地产权案件所涉法律风险化解难度

大。从审理程序看，适用一审程序审理案件2033件，适用二审程序审理案件490件，适用再审程序案件22件，其他115件，分别占样本案例总数的76.43%、18.42%、0.83%、4.32%（见图4）。从审理法院层级来看，中级人民法院审理635件，基层人民法院审理2025件，分别占样本案例总数的23.87%、76.13%（见图5）。审理程序与法院层级的所占比，高度对接与耦合，且一审中近1/4（24.20%）的案件提起上诉，可见，农地经营权入股引发的纠纷所涉法律风险化解难度大。

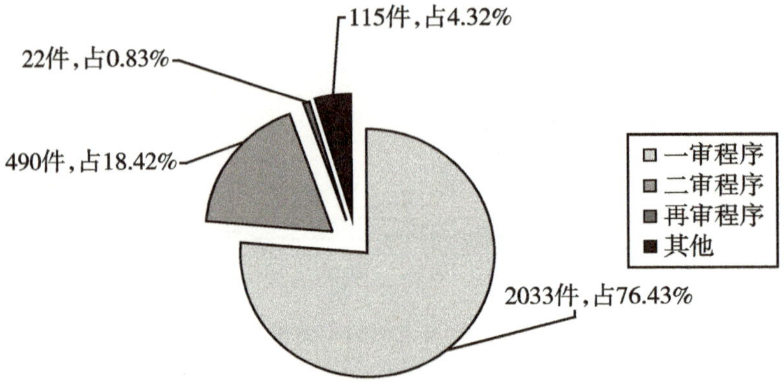

图4　样本案例适用审理程序情况

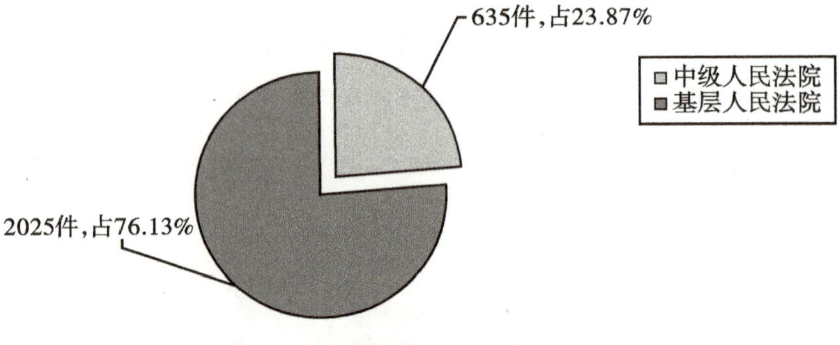

图5　样本案例的审理法院层级情况

（二）乡村振兴下农村土地产权案件调研与剖析

对辖区5个基层法院农村土地产权案件进行调研。

市中区法院反映，该辖区近3年来审理的涉土地产权类型及案件总数并不多，案件特点主要是：诉讼主体多元化，涉及集体经济组织、农民、外来企业、行政机关等；土地产权纠纷案件中侵权纠纷矛盾突出，主要是集体利益和个人利益的博弈；农民组员处于弱势地位，在土地流转、征收中的农民权益司法保护难；集体经济组织内部收益存在差异，农民成员个人利益保护难等。该法院还反映，人民法院在审理农村土地产权相关案件中，因政策与法律具有滞后性且二者之间有时会发生冲突，并且还存在时间跨度长、受历史因素影响大、土地管理不规范、档案数据不完整等问题，导致案件在事实认定和法律适用上存在难点。另外，法院在审理中还需防控引发群体性事件等。

东兴区法院在调研中反映，东兴区在推进建设“双百”城市进程中，征地拆迁、土地承包等引发纠纷，部分征地拆迁群体的合法权益没有得到应有的保障，从而引发了一系列群体性事件，并造成失地农民等长远社会问题。该辖区自2007年以来，因征地拆迁引发的刑事案件达105件，涉190人(其中，诈骗犯罪82件108人，职务犯罪23件82人)。征地拆迁中的矛盾纠纷及违法犯罪不容忽视。

威远县法院在调研中反映，该辖区审理的农村土地案件主要集中于农村土地承包合同纠纷、土地承包经营权出租合同纠纷、土地承包经营权纠纷及土地行政纠纷领域。值得注意的是，在相当一部分物权保护纠纷、物权确认纠纷、建设工程合同纠纷、侵权责任中亦有部分案件涉及土地问题。

隆昌市法院在调研中反映，农村土地流转中的矛盾往往因具有隐蔽性和突发性导致矛盾纠纷一旦爆发就十分尖锐化。农村土地承包经营权纠纷案件的发生多数是受利益驱动，大量拆迁引起了土地利益格局的变化，因此，在土地流转纠纷化解处置中需要在法治前提下，尊重当事人意愿，尽可能依靠调解方式平衡多方的利益格局，不能简单地就案办案。

资中县法院在调研中反映，在农村集体土地上开发建房引发的矛盾纠纷案件呈上升趋势，同时其矛盾十分尖锐。近3年来，共受理该类案件42件，但在资中县法院主动与各级政府协调与沟通的努力下，诉前化解了很大一部分。农村集体土地上开发建房引发的矛盾纠纷性质呈多元化结构，如房屋买卖纠纷、房屋拆迁安置补偿协议纠纷、财产损害赔偿纠纷、提供劳务者受害责任纠纷、财产损害赔偿纠纷等。

剖析一：从改革政策来看，随着农村土地制度从“两权”分离为“三权”分置，将农地承包经营权分为承包权和经营权，实行所有权、承包权、经营权“三权分置”并行，承包经营权从“两权”再次分离为“三权”，在国家政策层面，得到了高度认可和确定。在农村土地产权改革中，政策是争上游，较灵活，法律是保底线，其制定和修改程序较复杂。在城镇化进程较快地区的农村集体产权制度改革过程中，现行《土地管理法》《城乡规划法》《物权法》等法律与现行土地政策存在不匹配以及细化不够等问题，操作性法律规则供给不足，有关农村土地经营权的法律相对农村土地改革政策而言明显存在滞后，导致在具体的农村土地产权改革实践中，重政策、轻法律，在具体实施中的问题较多，进而导致集体产权制度改革受到不同程度的影响，从而导致法律问题频繁产生，纠纷风险时有出现。

剖析二：从基层治理来看，土地改革与产业融合发展面临基层治理制约，致使存在矛盾纠纷。农村三产融合发展是2014年年底从国家层面提出来的新概念，毋庸置疑，农地经营权入股能够促进农村一、二、三产业融合发展。但从目前来看，农村治理格局在新的政策与发展中面临调整，还需要不断优化。具体到农地经营权流转实践中，当前村治理格局中还存在一些突出的问题和现象。一是农村不均衡发展现状的客观存在。农村的经济分层现象不仅仅表现为东部地区与中西部地区农村发展的不均衡，即使在同一个地区或者具体到一个乡镇，各个村之间同样存在明显的经济分层这一不均衡现象。各个村不同的经济状况导致发展的不均衡，从而使不同村在政策实践和制度运行等方面存在各种差异化的社会影响。而这种差异化的社会影响会使同样一个政策在实践过程和村社治理中的效果存在明显差异。二是农村村级治理结构的差异化客观存在。按村民自治的法理要求，村民会议和村民代表会议是村民参与村级民主决策的途径。但在现实中，由于各村基层党组织状况的不同，村集体组织组成人员素质和能力的差异，以及各村自身自治组织构建与运作模式的不一致，使各村的村级治理结构并不统一。如一些村依靠村委党组织或是合作组织带头，一些村过于依赖村级组织中的带头人个人的“人治”治理方式，一些村村民自治组织不健全或软弱涣散等。三是农村人口流动性大与“空巢化”现象客观存在。“空壳村”人才流失严重，留守在家的大都是老弱病残和未成年人。我们在对内江市威远县、隆昌市、市中区农村土地流转状况进行调研时，参加调研座谈的负责土地确权工作的部门同志反映，农村人口流动性大，在土地确权及土地流转等过程中，存在因户主外出务工联系不上，导致群众签字率不高，大量旧证无法收回作废等问题；年轻劳动力外出创业，甚至不少还是举家外迁，大量农地荒置。客观地讲，当前多数农村因人口流动性大，“空巢化”“空壳村”现象比较突出。四是农村传统的家庭治理在村级治理中逐渐弱化或淡出的现象客观存在。长期以来，我国农村一个最大的特点就是十分重视家庭或“户”，这与我国长期实行农村土地包产到户分不开，农民也只有在家户的层面，成为户的一员才有资格成为真正的村里人。但随着前文所述的农村人力流动与空巢化现象加剧，以“家庭”或“户”为单位参与村级治理的作用发挥被渐渐弱化。过去农村大量矛盾可以由一个大家庭的尊长主持化解，但现在相反，家庭的内部矛盾纠纷也在增多，“家长制”化解纠纷的模式已经逐步淡出，大量的农村家庭纠纷往往是依靠村组织的人民调解委员会调解或是诉诸人民法院来解决。五是受资本下乡的资本逐利观念影响，农村利益分配观念变化客观存在。农村人口外流，城市资本下乡进入农村，在社会层面，劳动力的迁移或城乡之间的互动活动，会带来很多积极的作用，如农民的市场经济观念得到提高、人力资本信息更加丰富、先进的知识和生产技术、被引进并得到充分运用等，但也会带来一些影响农村利益观念的变化。如有的人存在投机取巧的行为、不诚信观念、仇富心理、贪利举止等，典型代表如征地中虚假骗取利益的行为，入股后村民堵路的现象，甚至是一些破坏农村企业经营的违法犯罪行为，村干部谋取非法利益的职务犯罪行为，集体土地流转收益被少数人侵犯的现象等。六是政策法律及配套保障措施不完善的客观存在。农村的社会保障程度对农村土地产权改革的成败影响很大。如何让农民实现从“土地保障”到“社会保障”的转型，还需要不断完善我国的农村养老、医疗、社会救助等社会保障体系，以满足大多数农民的基本需求，与农村土地制度更好衔接，从而解决农民支持农村土地改革的后顾之忧。

剖析三：从司法审判来看，开创新时代“三农”全面发展新局面提出新要求，致使存在司法保障乡村振兴作用新提升。司法公正引领法治建设，深化土地产权改革，助推乡村振兴，法治建设不可或缺且至关重要，人民法院的服务保障空间更开阔、使命更艰巨，作用需要新提升。一是充分认识乡村振兴战略的重大意义，增强人民法院司法服务和保障的责任感与使命感。实施乡村振兴战略，是党的十九大作出的重大决策部署，是决胜全面建成小康社会、全面建设社会主义现代化国家的重大历史任务，是解决人民日益增长的美好生活需要和不平衡不充分的发展之间矛盾的客观需要，是实现“两个一百年”奋斗目标的必然要求，对促进城乡融合发展、全面建成幸福美丽的内江市具有重大而深远的意义。为实施乡村振兴战略提供优质高效的司法服务和保障，是人民法院肩负的重大政治责任和光荣历史使命。内江市两级法院要统一思想，提高认识，切实增强司法服务和保障的自觉性、主动性。二是准确把握司法服务保障实施乡村振兴战略的基本要求，找准工作切入点、结合点、着力点。内江市委、市政府发布的

《关于实施乡村振兴战略开创新时代“三农”全面发展新局面的实施意见》提出了“产业兴旺、生态宜居、乡风文明、治理有效、生活富裕”的总要求，提出实施产业振兴、新村建设、乡村文明、乡村治理、富民共享、精准脱贫攻坚、农村改革、乡村规划、党建引领“九大行动”，为内江市早日实现“住上好房子、过上好日子、养成好习惯、形成好风气”的“四个好”目标指明了方向和道路。全市两级法院要主动把工作融入“九大行动”，充分发挥审判职能作用，依法妥善处理乡村振兴战略实施过程中涉及的各类矛盾纠纷，并加强职能延伸，为推动农业全面升级、农村全面进步、农民全面发展，开创新时代“三农”全面发展新局面提供有力司法保障。三是积极适应乡村振兴战略实施的司法需求，切实增强司法服务和保障的能力、水平和实效。乡村振兴战略的实施，对人民法院司法审判工作提出了更高的要求，全市各级法院要坚持党的领导，紧紧依靠当地党委、政府，积极运用社会纠纷多元化解决机制，共同化解矛盾，维护稳定，促进发展。增强大局意识，坚持能动司法、创新司法理念。结合深入开展“大学习、大讨论、大调研”活动，对乡村振兴战略实施中涉及的司法问题，提前预判，早做研究，及时应对，妥善处理，努力实现法律效果与社会效果的有机统一。

四、乡村振兴视野下农村土地产权改革法治路径的完善建议

农村土地产权改革是乡村振兴中的一项重大任务，政策性与法律性均强，涉及面广，相关利益问题多，影响深远。乡村振兴必须要与法治同行，坚持依靠法治方式积极推动农村土地产权改革，用法治为乡村振兴保驾护航，切实加强落实改革政策与法治融合，切实加强改革成果的法律确认与完善，切实加强人民法院司法服务和保障，切实加强农村基层组织的基础规范与服务，从而全面构建乡村治理新体系，促进乡村基层治理，释放内江市农业农村经济新活力，确保农村土地产权改革取得实效。

（一）法制路径：法律确认与完善

一是加快法律修改与地方立法。加快修改《农村土地承包法》《土地管理法》，尽快制定土地承包法实施细则，对《土地承包法》中关于土地承包经营权流转方面的规定进行细化，特别是增加对违反土地承包经营权流转规定的行为应承担的法律后果方面的具体内容。增补和修正《农村土地承包经营权流转管理办法》，明确土地承包经营权流转费用的计算标准和方法。对农村土地承包纠纷仲裁机构的设立、仲裁的范围、仲裁

的程序、仲裁的原则及其他仲裁事项作出明确的规定。结合内江市的土地产权改革经验成果，按照上位法律法规规定，通过地方立法对土地承包经营权退出等加以固化和推广。

二是制定政策合法，强化因地制宜。以政府文件的形式将现行《土地管理法》《城乡规划法》《物权法》等法律中的相关规定与现行土地政策有机结合起来，认真进行条款细化，以切实推动农村集体产权制度改革的深化和农村集体经济组织的发展。制定吸引相关专业技术人才、经营人才的优惠政策，为推进农村集体经济有序、快速发展提供人才保障。依照相关法律和政策，制定并落实好有利于集体经济发展的留用地政策，并通过政府文件明确留用地使用权的取得方式、经营方式及其相关项目的管理方式等。

（二）司法路径：司法服务和保障

一是加强纠纷处置。妥善审理涉及“甜城新村”“甜城小镇”建设、现代农业园区建设、基础设施建设、基本公共服务、投资融资权益、农村科技创新、劳动就业保护等问题的民商事案件，推进农村供给侧结构性改革，夯实乡村振兴要素基础，加快农业现代化进程。加强知识产权审判工作，加大对“甜城味·大千故里优质农产品”市域公共品牌的司法保护，推动内江市加快从农业大市到农业强市的跨越。妥善审理农村信用贷款、民间借贷以及农村金融服务过程中发生的借贷合同纠纷等案件，维护健康有序的农村金融环境。妥善审理农民群众外出务工、返乡创业以及扶贫企业生产经营过程中出现的各类纠纷，依法保护农民群众合法权益。

二是加强环境资源审判。推动农村土地产权改革、农业产业融合，坚定不移地走生态优先绿色发展之路。坚持以现代环境司法理念推进生态审判工作，综合运用审判执行手段，提升乡村绿色发展水平，以绿色发展引领乡村振兴。贯彻《内江沱江流域综合治理和绿色生态系统建设保护司法服务保障意见》，通过刑事、民事、行政等司法手段，依法打击破坏农（林、渔）资源、矿产资源、生物资源等的违法犯罪行为，完善生态损害赔偿司法机制，努力保护农民、农村集体经济组织和农村合作经济组织免受环境资源违法行为损害的权利。

三是加强平安建设。针对当前农村土地产权改革进程中，征地拆迁犯罪突出，农村基层组织人员职务犯罪不可小觑等，重视和加强农村平安建设，深入开展“扫黑除恶”专项活动。依法严厉打击利用宗族、家族势力控制乡里、为祸一方的“村霸”黑恶势力，推动村两委组织建设，严惩把持基层政权、操纵破坏基层换届选举、垄断当地资源、侵吞集体资产等犯罪行为。扎实推进农村社会治安防控体系建设，保障乡村社会安全稳定。依法严惩扶贫领域发生的贪污、受贿、玩忽职守等职务犯罪。依法严厉打击危害农村稳定、破坏农业生产和侵害农民利益的各种犯罪行为，提升农民群众的安全感，保障人民群众安居乐业。

四是加强多元化调解。涉农村土地使用权纠纷案件政策性强，也往往是多种社会矛盾积聚的结果，一些问题仅仅通过法院运用单纯的司法手段是无法解决的。为妥善解决涉农土地纠纷，法院可与相关涉农单位建立常态化沟通协调机制，及时对相关涉农地使用的政策、纠纷处理等问题进行商讨。通过多部门配合，进一步完善村民自治组织调解、乡镇政府调解、诉前调解及仲裁等多元化非诉纠纷解决机制，探索建立农村土地使用权纠纷专业调解组织，实行专业化调解。

五是加强以案释法。法院审理案件要坚持能公开、尽公开，把庭审做课堂，以案释法，并公正裁判。法院建立法官以案释法制度，发布有影响的典型案例，落实“谁执法谁普法”责任；采取“请进来与走出去相结合”方式，选取典型的涉农村土地纠纷案件，邀请基层干部、村民到院旁听庭审或者到村社举行巡回审判。

六是加强基层法庭建设。近年来，基层法庭以其多适用简易程序的审理方式、多元化的调解方法、流动性的巡回审判等因素，极大方便了群众诉讼、节省了当事人的诉讼成本、有效化解了矛盾纠纷，被老百姓称赞为“家门口的法院”，是实现人民群众新期待，加强基层社会治理的最前沿阵地。在人民法院司法综合配套体制改革中，只能加强人民法庭基层基础建设，不能弱化、削减人民法庭功能。

（三）治理路径：基层规范与服务

一是强化农村基层党组织领导。坚持把政治建设摆在首位，突出抓好党建促乡村振兴，全面强化农村基层党组织的领导核心地位，加强贫困村党组织第一书记的选任，发挥好第一书记在“精准扶贫”中的助推作用。提倡村党组织班子成员或党员依法兼任（担任）其他村级组织和相关合作经济组织负责人。建立健全村务联席会议制度。完善和落实村党组织定期听取村民委员会工作报告制度。

二是强化村民自治能力。全面提升农村民主管理水平，依法支持农村社会自治管理,综合运用司法手段,切实保障农民的知情权、参与权、表达权和监督权。依法审理涉及村民自治的案件,通过对农民民主权利和其他合法权益的依法保护,促进村民自治范围不断扩大,推动村民自治制度健康有序发展。加强农村社区治理体系建设,推进社区服务管理和承接政府公共服务,组织开展互助服务,探索村级党组织领导下的农村居民自治服务管理机制建设。鼓励隆昌市“大院长制”、东兴区“村民说事”等村民自治方式创新。

三是强化依法治村保证。扎实推进“法律七进”,完善农村法制建设,加强法律援助服务,培养农村法律知识分子,提高农民群众遵纪守法、学法用法、依法办事、依法维权的意识。大力推进“雪亮工程”建设,完善县乡镇综合管理中心职能和运行机制,健全网格服务管理模式。完善农村社会保障防控体系,加强农村社会矛盾防控机制建设。深入推进综合行政执法改革向基层延伸。全面加强行政审判工作,依法审理涉及农地征收征用、乡村规划建设、农村经济管理等行政案件,监督和支持政府在乡村振兴战略中发挥主力军作用,推动乡村振兴各项政策落地实施,为乡村振兴重大项目、重点工程保驾护航。

论宅基地资本化的现实障碍与可能路径

——以加强集体资产管理为视角*

龚暄杰** 李 玲***

目 次

一、"宅基地资本化"从实践变通发展为学术问题的进路

(一)宅基地制度社会保障属性的制度逻辑

由于中国农村土地制度的特殊性,使农村宅基地制度也具有了鲜明的中国特色。从历史发展来看,中华人民共和国成立前后,农民拥有宅基地和房屋所有权,土地和房屋买卖、出租、抵押是被允许的;从社会主义改造时期开始,经过人民公社化运动,宅基地的农民所有逐渐变为村集体所有,再到《土地管理法》的颁布实施,规定了一户一宅,

* 本文系 2018 年重庆市社会科学规划项目"宅基地'三权分置'的地方实践及其制度规范"(2018YBFX019)的研究成果。

** 西南政法大学中国农村经济法制研究中心研究员,法学博士,西南政法大学与四川省社会科学院联合培养博士后。

*** 西南政法大学 2019 级硕士研究生。

面积法定,无偿申请,禁止城镇居民购置宅基地等限制。在宅基地的财产属性逐渐被淡化、经济属性逐渐被弱化的同时,其社会保障属性得以强化。

《物权法》第152条规定,"宅基地使用权人依法对集体所有的土地享有占有和使用的权利,有权依法利用该土地建造住宅及附属设施",将宅基地使用权规定为用益物权,但仅作为一种受限制的用益物权。《土地管理法》第62条规定,"农村村民一户只能拥有一处宅基地,其宅基地的面积不得超过省、自治区、直辖市规定的标准","农村村民出卖、出租、赠予住宅后,再申请宅基地的,不予批准"。此外,《物权法》第184条,《担保法》第37条均规定了宅基地不得抵押。由此可见,中国现行法律对宅基地的资本属性在一定程度上是予以限制的。这一限制的支持观点仍然是从确保宅基地的社会保障属性出发的,认为我国是农业大国,农业人口远大于非农人口,宅基地制度承载了让亿万农民安居的责任,因此,宅基地制度首先要考虑的是维持农村以及社会的稳定。

(二)宅基地资本价值日益显现的现实需求

《物权法》承认农村宅基地使用权是一种独立的用益物权,承认了其财产权,但与一般的用益物权相比,具有权利主体的身份性和封闭性、初始取得的无偿性或福利性,宅基地数量和面积的限定性以及用途的限定性和使用的无限期性。[1] 这使集体组织和农户对宅基地的合理配置和有效的利用都受到了严格的限制。宅基地制度作为计划经济的产物,国家通过计划取代了市场的配置功能,消灭了宅基地的商品属性,但在市场经济快速发展的今天,农村经济结构发生了重大变化,大量农民进城务工,农村工业化、农业发展方式多元化都使宅基地的居住保障功能正在逐渐弱化。如果继续维持农村宅基地的非商品化、非市场化和非资本化,严格限制宅基地的流转和抵押,农民住房将难以具有同城市住房一样的财产利益,对农民来说,宅基地制度变相成为一种财产利益的制度性限制。[2]

对12省30个村庄的调研发现,这些地区普遍存在闲置宅基地的占20.1%,存在

---

[1] 参见宋志红:《乡村振兴背景下的宅基地权利制度重构》,载《法学研究》2019年第3期。

[2] 参见张勇:《农村宅基地制度改革的内在逻辑、现实困境与路径选择——基于农民市民化与乡村振兴协同视角》,载《南京农业大学学报》(社会科学版)2018年第6期。

少量闲置宅基地的占48.3%,[1]高闲置率造成了土地资源的极大浪费。在实践中出现了大量宅基地私下交易的隐形市场,地方实践中也出现了多种变通改革措施以盘活宅基地和农房的资本价值。这体现了对宅基地使用权多种利用的客观需要,也体现了农户有通过让宅基地使用权进入市场实现资金融通将利益最大化的诉求,以及农村集体经济组织在农村快速发展,城乡一体化浪潮中对土地资源合理配置以获取更多集体经济利益的诉求。

(三)宅基地资本化可能性的探讨与本文观点

宅基地制度的改革涉及各级政府、农村集体经济组织、农民等多方利益主体之间的博弈,制度选择和制度的设计是不同利益集团合力的产物。农村宅基地改革创新能否得到实现是由相关利益主体之间的博弈所决定的,当各利益主体对新的制度达成共识之后,新的制度改革才可能得到实施。[2] 农村宅基地制度关系社会的稳定,具有复杂性和敏感性,因此,宅基地制度的改革以及宅基地的资本化只有通过更多的实践来逐步探索、不断试错和调整以及相关配套制度的不断完善才能得出相对较优的解决方案。

从党的十八届三中全会提出要"保障农户宅基地用益物权","赋予农民更多财产权利",到党的十九大报告提出"保障农民财产权益","拓宽居民劳动收入和财产性收入渠道",再到2018年《中共中央、国务院关于实施乡村振兴战略的意见》明确指出"探索宅基地所有权、资格权、使用权'三权分置',落实宅基地集体所有权,保障宅基地农户资格权和农民房屋财产权,适度放活宅基地和农民房屋使用权",宅基地的社会商品属性以及财产功能越来越受到关注和重视。但由于宅基地制度的基础性,对如何在保障宅基地维稳功能的基础上适度放活宅基地的财产功能还有很多的争议。

以宅基地的"三权分置"中放活宅基地使用权为出发点,有学者认为,应当探索建立农村宅基地流转制度,扩大宅基地使用权转让的范围,允许一些有其他固定住处且流转后不再申请新宅基地的农户流转宅基地及其上的房屋,允许到农村创业、就业和

---

[1] 参见余敬、唐欣瑜:《实然与应然之间:我国宅基地使用权制度完善进路——基于12省30个村庄的调研》,载《农业经济问题》2018年第1期。

[2] 参见张振勇:《利益博弈、同意一致性与农村宅基地制度演化》,载《西北农林科技大学学报》(社会科学版)2014年第2期。

落户的城镇居民等使用宅基地,而不仅仅是局限在本村集体组织内部,以便能放活宅基地使用权。[1] 一些学者认为,应当落实农户资格利益来实现宅基地的社会保障机能,而不是将重点放在宅基地流转的身份限制和区域限制上,从而探寻宅基地多样化的经济利用,建立以"所有权+成员资格+用益物权+债权"为主的宅基地利用综合性权利束,拓宽宅基地收益权能的制度空间。法律设立宅基地法定租赁权,即权利的取得、权利的内容以及保有权利的期限由法律规定,将宅基地使用权的债权利用产生物权化效应。[2] 对房地一体的问题,农民住房与其占用范围内的宅基地使用权可以适度分离,由宅基地使用权派生租赁权,如果向集体外部流转房屋,由于受让方不属于本集体经济组织成员,不具有宅基地资格权,仅能取得房屋的所有权而不能取得宅基地的使用权,但可以取得宅基地使用权租赁权,房地一体原则表现为宅基地使用权租赁权与房屋所有权的主体一致。[3] 此外,还有学者认为,宅基地法定租赁权不能解决实践中出现的各种问题,主张宅基地"三权分置"的政策内涵为实现农村集体、农户、社会主体三者对宅基地权利的共享,实践中的宅基地的退出、转让和将宅基地使用权转化为建设用地使用权进行流转的方式,让农户彻底退出了宅基地,都打破了三者共享宅基地利益的格局,并不符合宅基地"三权分置"的目的,因此,主张农户出租宅基地或权利分离后转让两种方式是实现三个主体共享宅基地利益的两种法律路径,法律应当对应设立"宅基地租赁权"和"宅基地经营权"两个权利名称以规范制度设计。[4] 这些探讨都试图在保障宅基地社会保障功能的基础上,通过对附着其上的权利进行分解与组合,适度解冻其资本属性以实现利益增值和利益分享。

笔者认为,宅基地的资本化是为了实现农村土地的合理配置和集约化利用,以盘活农村沉睡的宅基地资源,增加农民和村集体的财产利益,为农村的现代化建设提供资金保障。目前,在宅基地资本化的实践中,除了具有法律制度上的障碍,还面临着农村集体资产管理的障碍,随着农村集体经济的发展和宅基地制度的试点改革,农村的

---

〔1〕 参见张勇:《农村宅基地制度改革的内在逻辑、现实困境与路径选择——基于农民市民化与乡村振兴协同视角》,载《南京农业大学学报》(社会科学版)2018 年第 6 期。

〔2〕 参见陈小君:《宅基地使用权的制度困局与破解之维》,载《法学研究》2019 年第 3 期。

〔3〕 参见高圣平、吴昭军:《宅基地制度改革的试点总结与立法完善——以〈土地管理法〉修订为对象》,载《山东社会科学》2019 年第 8 期。

〔4〕 参见宋志红:《宅基地"三权分置"的法律内涵和制度设计》,载《法学评论》2018 年第 4 期。

集体资产管理面临着越来越大的管理难度，如果说制度作为上层建筑对宅基地资本化起着宏观规划的作用，作为基础操作的农村集体资产管理运行的好坏就直接关系到宅基地资本化的质量和相关制度是否具有实施的价值。因此，集体资产管理弱化是宅基地资本化的重要障碍之一，完善宅基地资本化中的集体资产管理制度，不仅能为宅基地资本化的推进奠定稳固的运行基础，也能为相关法律制度的完善提供实践依据。

二、集体资产管理弱化成为宅基地资本化的现实障碍之一

（一）农村集体经济组织建设不完善，集体资产管理体系不规范，不能适应市场经济下的城乡发展

农村集体经济组织是村民自愿联合、自主管理并进行民主决策的经济组织，承担着农村多项经济和社会职能，比如，生产管理职能、集体资产运营管理职能、社会保障职能等。农村集体经济组织在进行集体资产管理时也应当实现自主管理和民主决策，每一个农村集体经济组织都是独立的市场主体，政府不能过度干预，代替集体组织作经营决策，集体经济组织成员相互平等，一人一票进行民主管理。但在实践中，农村集体经济组织缺乏有效的管理机制主要体现在以下几个方面。

第一，内部决策不公正民主，一些村集体重大事项没有民意表达渠道，未设立民主讨论和集体决策的程序，导致部分村干部权力集中，总揽各种重大事项，甚至挪用、占用村集体资产，村民无法行使民主决策的权力，损害了集体利益。

第二，内部管理制度不健全，没有系统性的内部控制制度以保证集体资产的正常运转。就村集体财务管理而言，没有明确、规范的规章制度，一些财务管理的制度条款老旧，并没有结合当地农村经济发展的具体需要不断修改和完善，无法有效配合宅基地资本化下资产的管理。此外，缺乏内部监督加剧了决策的不民主和内部管理的混乱，无法对会计账目全面的核查以及对集体组织的执行活动进行监督，导致内部工作随意化；同时，外部村民也缺乏监督的意识，使村集体经济组织的各项活动缺乏监管和反馈，尤其是集体财务情况公开不及时、不完整，加重了村集体经济组织内部的腐化，不利于村集体的发展。

第三，我国国土面积辽阔，各地区之间的资源、地理位置、政策等差异发展情况差距较大，一些农村集体经济组织由于地区、资源等优势发展较好，一些地区发展情况则

较差。各乡村之间信息不互通，封闭的“村自为战”，无法适应农村现代化对资源集体配置的要求。[1]

（二）宅基地管理混乱，产权界限不清，难以实现资源的统一合理配置

第一，由于宅基地是无偿分配，没有市场价格机制的调节，村民多申请宅基地不会付出更多的成本，导致一些村民无论有无需要都会多申请宅基地，超占宅基地造成宅基地资源的浪费。相关调查显示，在全国总体数据中，有两处以上宅基地的农户占到20.1%，在取得方式上，通过继承取得宅基地的占69.9%，远超过申请取得的20.6%，另外，从别人处购得占10.2%，[2]取得宅基地的多元化方式突破了宅基地取得的成员资格限制，使集体组织对宅基地的管理难以形成统一的标准，管理较为混乱。

第二，我国城乡土地市场不统一、土地权利不平等，宅基地流转和抵押被严格限制，农民无法获取在农村城市化进程中土地快速增值后的收益，也无法实现宅基地资产信用功能，不能为其进城就业、安居落户提供资本支持。宅基地退出机制也不完善，农户退出宅基地的补偿不足以达到因保有宅基地而享有的保障功能，加上农户土地财产意识的加强，宅基地的退出较难实现，乡村大量青壮年向城镇转移只是“离土不离乡”，他们将宅基地作为“退路”，导致乡村“空心化”越来越严重，[3]闲置的宅基地也越来越多且无法得到村集体组织的有效配置。

（三）资产价值评估不准确，集体资产的财务审计制度不健全

首先，由于宅基地的限制流转，城乡土地不同价同权，未形成宅基地产权交易市场，无法通过市场配置资源的功能形成宅基地的市场价格；同时，由于宅基地产权不清导致财产的价值难以计量，无法准确核算出宅基地的价值。部分村集体之间相对封闭，宅基地价值的评估机制粗略，没有结合本地情况进行综合评估，导致部分宅基地评估价值与现实价值之间有较大差异，村与村、村与镇之间的价格也存在差异，不利于统筹管理宅基地资源。

---

〔1〕 参见张文茂、李尧：《关于农村集体经济组织的若干认识问题》，载《经济导刊》2019年第9期。

〔2〕 参见余敬、唐欣瑜：《实然与应然之间：我国宅基地使用权制度完善进路——基于12省30个村庄的调研》，载《农业经济问题》2018年第1期。

〔3〕 参见张勇：《农村宅基地制度改革的内在逻辑、现实困境与路径选择——基于农民市民化与乡村振兴协同视角》，载《南京农业大学学报》（社会科学版）2018年第6期。

其次，有的集体资产的财务制度不健全，工作方式较落后，集体资产会计项目和账簿设置较为混乱和不完整，无法实现对宅基地的分配、流转和退出及时进行账目登记，不能全面、如实地反映资产的数量和资产的变动情况，加剧了资产价值评估的难度，也为一些村干部私设“小金库”，侵占集体资产提供了可乘之机。此外，部分农村会计人员由基层干部任用，或者就地选用，一些财会人员存在专业能力较弱和缺乏会计职业道德的问题，不能对会计信息进行合理分析，对村干部的贪污受贿保持沉默甚至出现作假账的情形，部分村落的会计和出纳由同一人担任，增大了集体资产被挪用的风险。[1] 另外，对于财会人员缺乏考核机制、激励机制以及过错追责机制，没有定期进行集中的培训学习，不能及时更新知识以改进陈旧的工作方式，难以适应农村现代化发展以及提高宅基地资本化探索中农村会计实务工作的效率。

最后，资产管理缺乏有效监督，一些集体组织内部没有设立独立的财务监督部门，未对村集体的财务收支的真实性、有效性和合规性进行审计监督，导致一些资金流向不透明，加上财务信息公开不及时和不完整，使农村集体的资产管理沦为“自我监督”，容易放纵越权行为，损害村民的知情权和参与管理的积极性。

（四）交易管理制度不健全，加大集体资产管理的难度

第一，随着农业现代化的发展，农村的人口流动越来越大，不同村集体组织之间的人员流动、城镇居民下乡居住的人口流动等都是对宅基地流转制度的挑战，宅基地使用权只能对内流转明显不能满足现实的需求，加上土地的大幅度增值以及农户对土地价值的认识不断加深，导致部分农户以“非法”的方式追求自己利益的最大化，农房的私下交易、变相买卖等大量产生，损害了农村集体的宅基地所有权，影响了宅基地的确权，进而影响了对宅基地价值的评估，加大了集体资产管理的难度。

第二，在农业现代化的背景下，实践中的乡村旅游、住宿、乡村手工业、快递服务等经营形式大量产生。宅基地的利用不断向经营性、复合型用途扩张，突破了我国《物权法》将宅基地使用权的用途规定为“建造住宅及其附属设施”的限制。虽然宅基地经营性使用产生于客观实践的需要，有利于增加农民非农收入，促进农村现代化发展，但也产生了很多问题，宅基地使用权人因经营性用途享有了超越宅基地住房保障功能的收

---

〔1〕 参见姚绍勇：《浅谈新形势下提高农村集体财务管理水平的对策》，载《财会学习》2019 年第 28 期。

益,同时加重了农村集体公共服务的负担,对其他农户来说,由于区位的差异拉大了农户宅基地在财产利益上的差距,[1]不利于农村集体对宅基地资源的管理。

三、通过加强集体资产管理化解宅基地资本化障碍的可能路径

(一)完善科学的农村集体经济组织法人制度

《民法总则》第99条规定:"农村集体经济组织依法取得法人资格……",将农村经济组织规定为特别法人,但似乎又留下了空白与伏笔。应该在接下来的《农村集体经济组织法》中完善特别法人制度,对农村集体经济组织的法律的概念、地位以及具体的法律规定进行说明,明确农村经济组织及其成员的权利和义务。[2] 农村集体经济组织作为一种特殊法人,具有乡村社区性、公有性和稳定性,因此,不同于一般的公司企业组织,也不同于建立在土地私有制基础上的合作经济组织和股份合作组织,农村集体经济组织本身不能改制为公司,但可以探索与市场经济条件相适应的集体经济组织和公司企业相结合的体制。[3] 因此,可以在建立独立的经济组织法人治理结构的基础上,参照公司法并结合具体需要设立运行决策程序。

第一,集体组织内部设立理事会履行决策职能,理事会通过建立民主讨论和集体决策的程序实现对村集体重大事项的民主决策,杜绝部分村镇集体经济组织中政经不分,村干部权力集中等现象,让集体真正成为集体资产的代表。及时根据农村经济的发展更新相关管理制度条款,明确对村集体财务管理的规章制度并完善财务信息的公开制度,对财务情况的公开方式和内容征集集体的意见。

第二,设立监事会,由监事会对理事会的各项决策和资产经营管理进行监督,对执行小组的具体执行工作进行监督,不定期抽查集体组织中的管理人员,对其中滥用职权、侵占集体资产的人员进行追责,由行政机关依法予以处罚,情节严重涉嫌犯罪的交由司法机关处理,保证集体经济组织内部职权清晰,运营稳定有序,为宅基地的资本化打好管理制度的基石。

第三,建立农村集体经济组织内部控制制度。内部控制制度是现代化企业管理的

---

〔1〕 参见宋志红:《宅基地"三权分置"的法律内涵和制度设计》,载《法学评论》2018年第4期。

〔2〕 参见李润泽:《农村集体资产管理中的相关问题》,载《人民法治》2019年第7期。

〔3〕 参见张文茂、李尧:《关于农村集体经济组织的若干认识问题》,载《经济导刊》2019年第9期。

产物,其基本目标是确保单位经营活动的效率和效果,企业资产的安全以及经营信息和财务报告的可靠性。集体资产管理面临着越来越多市场化的挑战,应当参照企业的内部管理制度,健全内部控制的控制环境,控制程序以及会计系统,确定组织结构和职责分工,定期对成员开展业务培训以提高成员的职业素质;在集体资产的资产运营上,要进行预算控制和风险控制,通过预算的制定和实施分析预算执行情况并采取相应的改进措施,通过风险预估、应对风险及时调整经营策略等有效的内控手段来防范风险,减少集体资产的损失;还应当进行会计记录控制和资产保护控制,对会计人员合理分工,形成相融职务相互分离的制约与监督关系,对经济业务的凭证连续编号,采取复式记账以防止业务的遗漏,定期对集体资产进行盘查并与会计记录比对,以核实资产的是否存在浪费、损失等不正常现象;应当设置内部审计机制,对会计账目、内部控制制度是否完善以及各部门的执行情况进行审核并出具审计报告。此外,还应当根据每期经营情况制定业绩报告并向成员公示。系统性的内部控制制度有利于集体组织开展一系列的集体资产运营活动,为盘活集体资产提供内部制度的保障。

第四,根据实际需要设立各执行小组,如设立宅基地管理小组,对宅基地一系列的权利变更进行核实和登记,以便开展宅基地资本化中的各项试点工作;不同村镇的农村集体经济组织之间建立跨越村级的利益共同体,进行乡镇统筹,在实践中,多个地区将宅基地使用权的转让范围扩展到包括其他集体经济组织,例如,大理市将宅基地使用权的转让范围扩展至同一乡(镇)、办事辖区内,[1]为统一的农村集体资产信息化管理平台的建设、宅基地流转市场的建立奠定了统一管理的基础。

(二)健全集体资产的产权管理制度,探索宅基地的多种管理方式

明确宅基地的产权界限,完善集体资产的产权管理制度还面临着多重挑战,例如,一户多宅,超占、闲置的宅基地面积的确定,因继承、私下交易等原因产生的非集体组织成员取得宅基地使用权的界定等问题。在完善制度上,集体组织应当全面清查核实宅基地面积,将宅基地面积"数字化",建立集体土地资格权数据库,给符合规范条件的农户颁发土地资格权证,明确村民享有的资格权面积,相应的权利和义务以及可享受的集体经济组织分红等福利;对不符合条件的权利主体和宅基地面积根据具体实践情

---

[1] 参见杨一介:《大理模式:宅基地制度改革试点的法理探索》,载《学术探索》2018年第6期。

况确定管理办法。具体而言,从资源配置角度来看,可以通过以下几种途径的探索明确部分宅基地产权,从而有效配置闲置的宅基地,具体如下。

第一个方面,健全宅基地有偿退出机制以及相应的社会保障机制,《土地管理法》第66条规定,因撤销、迁移等原因而停止使用土地的,农村集体经济组织报经原批准用地的人民政府批准,可以收回土地使用权。国家土地管理局印发的《确定土地所有权和使用权的若干规定》第52条规定:"空闲或房屋坍塌、拆除两年以上未恢复使用的宅基地,不确定土地使用权。已经确定使用权的,由集体报经县级人民政府批准,注销其土地登记,土地由集体收回。"可见,法律赋予了农村集体经济组织收回宅基地的权利。

结合实践,宅基地使用权的收回分为公益性收回、惩罚性收回和身份丧失性收回。[1] 中共中央办公厅和国务院办公厅联合印发的《关于农村土地征收、集体经营性建设用地入市、宅基地制度改革试点工作的意见》(以下简称《试点意见》)中指出的"探索进城落户农民在本集体经济组织内部自愿有偿退出或转让宅基地",仅针对进城落户的农民,要求自愿有偿退出或转让,可见宅基地有偿退出的基本原则是必须遵循农民的自愿原则,强制无偿退出容易引发村民和集体组织的产权纠纷,不利于农村社会的稳定,使集体组织更加难以行使对宅基地的所有权。村集体经济组织应当区分宅基地不同的退出情形以及考虑退出农户的家庭情况,制定有调整空间的补偿标准,参照综合评估的宅基地价格并结合退出类型确定金钱补偿的额度,但不能局限于金钱补偿的范围,大量的金钱补偿也难以实现,还要结合多种保障渠道,例如,根据农户的家庭情况提供农村住宅小区住房、纳入城镇社会保障体系等。

第二个方面,我国《土地管理法》第62条规定:"农村村民一户只能拥有一处宅基地,其宅基地的面积不得超过省、自治区、直辖市规定的标准。"《试点意见》指出,对因历史原因形成的超占宅基地和一户多宅的,以及非集体经济组织成员通过继承房屋等方式占有宅基地的,由农村集体经济组织主导,"探索实行有偿使用"。结合试点地区实践和相关学者的建议,农村集体经济组织设立宅基地管理小组,全面清查和核实宅基地的面积,区分不同主体的占有情况,对本集体经济组织成员超占、多占宅基地的,

[1] 参见陈小君:《宅基地使用权的制度困局与破解之维》,载《法学研究》2019年第3期。

除按照超占面积实行阶梯累进制收取使用费外,还应适当收取惩罚性使用费;对非集体经济组织成员,按照市场价格支付使用费,市场价格的参考标准由宅基地小组综合考虑各种因素,由农民集体决定。[1] 宅基地有偿使用的探索可以通过经济手段增加集体的收入,也会使部分农户放弃多占、闲置的宅基地,有利于宅基地的集约化利用。

第三个方面,在实践中,很多村庄的宅基地已经扩展出经营用途以适应乡村的发展,法律应当适当赋予宅基地经营性利用的功能,[2] 使宅基地经营性利用受到法律的肯定和保护。集体经济组织应当创新集体资产的利用方式,积极以自营、出租、联营等方式,将闲置的宅基地用于发展乡村集约化农业、乡村手工业、乡村旅游等项目,按期分配项目收益,吸引农户委托集体组织经营其闲置的宅基地或是退出其"超占"的宅基地以及因继承等原因获得的"多宅",共同参与村集体的宅基地利用,这样对闲置的宅基地能起到合理配置的作用,由村集体统一进行运营管理也有利于减轻集体资产的管理难度。

(三)严格评估资产价值,完善农村集体资产管理的财务审计监督制度,建立统一的集体资产信息化管理平台

第一个方面,对资产的量化核算要遵循全面核资的原则,具体而言,对农村宅基地资源要全面核查清点,了解每户的宅基地所属情况,明确宅基地的权属,再根据当地村镇的地理位置、基础设施建设程度以及市场活跃程度来综合、准确地对宅基地进行估价。价值的评估应委托第三方机构公正评估,评估人员应当包含法学者、农村经济学者,并严格按照相关法律规定结合当前市场情况进行评估。[3]

第二个方面,集体经济组织应当建立一套分工明确,不相容职务相互分离,规章制度健全的财务管理机制,对财务工作的流程进行规范,具体如下:(1)在人才方面,要积极引进优秀的财会人员并定期进行会计与电算化等专业培训和财经法律规章的学习,提升业务能力和职业道德水平,严格按照规章制度开展财务工作,不弄虚作假。此外,还应当建立考核制度、奖励制度和提高工作待遇,激励财会工作人员主动更新知识,吸

---

[1] 参见高圣平、吴昭军:《宅基地制度改革的试点总结与立法完善——以〈土地管理法〉修订为对象》,载《山东社会科学》2019年第8期。

[2] 参见宋志红:《乡村振兴背景下的宅基地权利制度重构》,载《法学研究》2019年第3期。

[3] 参见李润泽:《农村集体资产管理中的相关问题》,载《人民法治》2019年第7期。

引优秀会计人员留在乡村工作。(2)在工作方面,应当设立宅基地动态管理台账,对宅基地的申请分配、流转和退出等变动进行及时的记录,详细登记宅基地的数量和变更情况,定期进行财务清理和检查工作,核实村集体组织在配置宅基地过程中的资产损失与收益的实际情况,做到账资相符。账资不一致的应当及时查明原因并追究相关责任者的责任,宅基地属于农村集体成员所有的资产,在资产核算时,必须依法依规进行,核算后应当向集体成员公布,并报上级主管部门备案。(3)在监督方面,落实财务公开工作,对集体重大支出和收益以及村民关心的内容进行及时、完整的公示;组成村民监督小组,并定期更换小组成员,轮流进行宣传教育,提高村民监督意识;此外,可以参照一些新型的农村集体财务管理监督模式,例如,财政所"管理资金 + 第三方代理记账 + 纪检审计监督"的方式,增加资产管理的科学性和透明性;山西省潞城区指定农经、财政部门负责监督指导资产清查、资产移交,审计部门全程监督,保证各个环节符合政策规定和群众意愿。[1]

第三个方面,资源配置的效率是与资源配置的地域范围和交易对象范围的扩大成正比的,如前文所述,各农村集体经济组织之间应当建立跨越村级的利益共同体,打破乡村的封闭性,进行乡镇统筹,应当建立统一的集体资产信息管理化平台,将各村、镇的集体资产信息录入该平台,通过该平台将集体资产进行公开,不仅有利于农户对资产进行实时监督,也有利于打通村与村、村与镇之间的信息联系,便于明确各地宅基地的价值,缩小价值评估的差距,还有利于村集体经济组织对"跨村配置"和"移民安置"的非本集体成员进行安置。[2]

(四)健全集体资产交易管理制度,稳定宅基地利用的秩序

村集体经济组织应组织宅基地管理小组进行定期排查,核验农户宅基地使用情况,对宅基地出租以及经营性利用等分别登记并及时更新集体资产信息化管理平台的信息,以便实现公开化管理。一些试点地区探索出权利分离后转让,例如,四川省泸县,在保证农户不丧失宅基地使用权的基础上,加入了其他非本集体的社会主体资本,社会主体取得了相当于一种用益物权的土地权利,其可以用于商业、居住,也可用于转

〔1〕 参见李润泽:《农村集体资产管理中的相关问题》,载《人民法治》2019年第7期。

〔2〕 参见宋志红:《乡村振兴背景下的宅基地权利制度重构》,载《法学研究》2019年第3期。

让和抵押，[1]这样不仅使宅基地在不丧失保障功能的情形下得以参与市场的配置，获取更多的土地收益，还可以在一定程度上减少宅基地的私下交易。在实践中，集体经济组织应当及时根据本地情况制定相应的管理规范和统一登记制度，规定宅基地交易的主体条件、面积限制、用途限制以及审批备案等条款，并定期进行核查，防止其他社会主体对宅基地资源的大量圈占以及在盘活宅基地产生的利益下出现违法占地、审批等问题。

对宅基地经营性利用，无论是村集体经营还是农户自发经营，集体组织都应当建立起批准备案制度，审核经营性用途是否合法合规，是否擅自改变土地用途，是否影响村庄的集体规划以及是否会对村庄和邻近农户、农地造成较大污染等情形，对不符合标准的不予登记批准。对于审核通过后开展的经营活动也应当定期进行排查，检查是否超出了备案登记的经营范围。此外，对经营性利用还应当收取土地增值收益调节金，[2]作为集体经济组织用集体资产提供公共服务进行村庄垃圾处理、环境保护的合理收费以及因经营活动消耗了集体共有资源的合理收费，调节金计入集体资产收益以支付服务开销和增加集体农民的财产性收入。集体经济组织应当核实各项具体公共服务的费用以及共有资源的使用情况，合理确定土地增值收益金，并及时入账登记，实时记录每期费用的增减变化并向村民公示，以便村民进行监督和确认当期可得收益。

四、结语

宅基地制度作为一项特殊的制度，具有敏感性和复杂性，现行法律则对其作出了诸多的限制，但在市场经济和农业现代化发展下，对宅基地多途径有效利用的客观需求不断增加，实践中各地产生了多种“法外”利用方式，为法律制度的完善和调整提供了新的参考模式，但同时也给集体资产管理增加了大量新的挑战，需要集体经济组织不断完善相关配套制度以适应实践的需要。对集体资产有效管理的意义是重大的，因为其影响具体制度在农村的实践效果，关系集体经济的稳定有序发展，也关系每个农民的切身利益和合法权益。在宅基地资本化探索中，只有加强集体经济组织的建设，提高集体资产的管理水平并加快宅基地管理制度的建设，才能为其发展打下坚实的基础。

---

〔1〕 参见《泸县农村宅基地共建共享暨综合开发的指导意见(试行)》(泸县府办发〔2017〕188号)。

〔2〕 参见宋志红：《宅基地“三权分置”的法律内涵和制度设计》，载《法学评论》2018年第4期。

农村“三变”改革中集体股的实践探索与制度回应*

郭跃昕**

目　　次

一、问题的提出

自改革开放以来，党和国家一直对农村的发展给予高度的关注和重视。党的十九大报告作出了实施乡村振兴战略的重大决策部署。其中，农村集体产权制度改革是实现乡村振兴的重要抓手，不仅有利于发挥市场在资源配置中的决定性作用，促进城乡要素平等交换和双向流动，也有利于增强农民的集体意识和文化认同，推进乡村治理

* 本文系2018年重庆市社会科学规划项目“宅基地‘三权分置’的地方实践及其制度规范”(2018YBFX019)的研究成果。

** 西南政法大学中国农村经济法制创新研究中心助理研究员，西南政法大学经济法学院硕士研究生。

体系和治理能力现代化，为实施乡村振兴战略、实现农民共同富裕奠定产权制度基础。[1]

农村集体产权制度改革是一项较为复杂的系统工程，包括清产核资、资产权属界定、成员资格确认、股权结构构建、组织形式定位、内部机制建立等诸多环节。《中共中央、国务院关于实施乡村振兴战略的意见》中明确指出，要全面开展集体资产清产核资、集体成员身份确认，加快推进集体经营性资产股份合作制改革，股权设置管理等改革重点环节，着力解决集体资产股份有偿退出、抵押担保、继承等改革关键问题。要按照中央确定的2019年年底全面完成清产核资、2021年年底基本完成股份合作制改革的时间表，坚持先行试点、先易后难、由点及面、有序推进。

根据《农业农村部关于商请确定农村集体产权制度改革试点有关事项的函》(农经函〔2018〕2号)的要求，吉林省、江苏省、山东省3省报送了整省试点方案，其他省、自治区、直辖市推荐了整市和整县试点单位。经农业农村部研究，同意吉林省、江苏省、山东省3个省，河北省石家庄市等50个地市及天津市武清区等150个县(市、区)作为2018年度农村集体产权制度改革试点单位。整省试点到2020年10月底结束，整市和整县试点到2019年10月底结束。该文件要求，股权设置应以成员股为主，是否设置集体股由本集体经济组织成员民主讨论决定。

近年来，在总结农村改革实践经验的基础上，学术界通过对农村产权制度改革的研究明晰了农村产权制度改革的主要脉络。但是，农村产权制度改革是一个复杂的系统工程，需要与体制机制创新、农村社会治理改革等相配套，显然相关研究在这方面还存在某些缺陷，尤其是针对农村资源、资金、农民"三分散"等现实问题缺乏改革路径的系统设计，实践指导仍有不足。针对这个问题，有地区开始了"资源变资产、资金变股金、农民变股东"的农村"三变"改革探索，走出了一条农村集体产权制度改革的新路。[2]

集体股是股份的一种形式，是把集体所有的资产清产核资后，由于社区组织运转

〔1〕 参见农业农村部介绍农村集体产权制度改革进展情况，载中国政府网：http://www.gov.cn/xinwen/2018-06/19/content_5299654.htm#1，最后访问日期：2020年1月18日。

〔2〕 参见王永平、周丕东：《农村产权制度改革的创新探索——基于六盘水市农村"三变"改革实践的调研》，载《农业经济问题》2018年第1期。

开支和社区其他公共开支的需要而设置的股份，和个人股不同，在实践中一般由集体经济组织或者村委会代为持有而不量化到个人，其股份比例一般在20%～30%，所分得的收益一般用来进行农村集体的基础设施建设或者提供公共服务开支。自农村集体产权制度改革以来，不乏学者对集体股问题进行研究。学界就是否设置集体股这个问题观点不一。有学者提出不设置集体股而以公积金和公益金代替的对策；[1]还有学者通过分析集体股的优劣提出了优先股规制和公益金替补两个方案，并预言集体股最终会被公益金替代。[2]以上学者均是从集体股的优缺点来分析集体股是否应当设置，而忽略了实践中有不少集体经济组织选择设置集体股，以致对设置之后集体股的行使及权能、退出等方面的研究十分缺乏。

二、集体股的功能重塑

由于农村集体产权制度改革中明晰产权的要求，许多学者对集体股的设立持反对态度，认为设置集体股容易造成产权的二次模糊，产生新的矛盾。同时，随着改革的深入推进，集体经济积累逐渐增加，社区人员结构日益复杂，保留集体股的做法，在集体组织变更重组时还将面临再分配、再确权问题，极易成为更大的隐患。但是对经济情况各不相同的村集体来说，集体股的设置与否应当根据自身实际情况来确定，而不能“一刀切”。相反，集体股对大多数村集体来说，具有以下几个方面的优势功能。

（一）发展集体经济的经济功能

根据我国的相关法律规定和实际情况，地方政府是我国行政管理体系的重要组成部分，在促进地方经济发展中发挥着主体作用。乡镇政府的公共服务职能主要包括三个方面：一是为农村教育事业提供优质服务，二是为广大村民提供社会保障服务，三是为乡镇企业的发展提供公共服务。[3]乡镇政府是我国国家行政体系中最基层的政权组织，同时，也担负着为农村提供公共服务和公共产品，组织和规划农村基础设施、公

[1] 参见邱秀娟：《农村股份合作社股权设置与流转问题探析》，载《公民与法》（法学版）2016年第3期。

[2] 参见高海、杨永磊：《社区股份合作社集体股改造：存废二元路径》，载《南京农业大学学报》（社会科学版）2016年第1期。

[3] 参见许素芳：《目前乡镇政府公共服务职能探究》，载《闽江学院学报》2006年第1期。

益事业建设等重要责任，其职责履行状况直接影响广大农村的稳定与发展，对整个国家和社会也构成重大影响。

地方政府履行公共服务职能，提供农村公共服务，必须占有一定的社会财富，而各级地方财政就是各级地方政府提供农村公共服务的物质基础和有力保障。[1] 但是，农村税费改革使地方财政难以为农村公共服务的供给提供充足的物质保障，各级地方政府在农村公共服务的供给中难免陷入不同程度的财政困境。而在"三变"改革中设置的集体股是参与新型集体经济组织分红的依据，所分红利可以帮助解决集体公益事业和集体债务化解所需的公共开支，还可以用于基础设施建设，维持村委会的运转，有利于维护农村经济社会的和谐稳定。

（二）调节社会分配的社会功能

社会分配，是对物质生产部门的劳动者所创造的国民收入所进行的分配，它是社会再生产过程中的一个重要环节。在改革开放初期，"一部分人先富起来"的战略实施，使国民经济收入出现差距。随后，在持续的社会竞争中，教育、医疗、社会保障、就业、融资等方面的机会不均等，加上城乡二元经济体制的实施，更加剧了收入差距扩大的趋势。在社会收入分配差距中，城乡收入差距尤其受到人们的广泛关注。而当前农村"三变"改革提出资产变资源、资金变股金、农民变股东，则在很大程度上缓解了这一现象的加剧。

党的十八大报告指出，社会保障是保障人民生活、调节社会分配的一项基本制度。要坚持全覆盖、保基本、多层次、可持续方针，以增强公平性、适应流动性、保证可持续性为重点，全面建成覆盖城乡居民的社会保障体系。而集体股的设置则让乡镇政府有了收入来源，可以为广大村民提供社会保障服务，为村民统一上缴养老、医疗保险等社会保障费用，让他们能够享受和城镇居民同样的福利，逐步缩小城乡差距，增强集体意识和文化认同，实现共同富裕。

（三）传承乡村文明的人文功能

乡村振兴战略提出产业振兴、人才振兴、文化振兴、生态振兴和组织振兴五个振兴。其中，文化振兴要求加强乡村精神文明建设，健全和完善乡村公共文化服务体系，

---

[1] 参见杨柳：《地方政府公共服务职能研究》，载《内蒙古财经大学学报》2014 年第 4 期。

创新、提供并传播优秀的农耕文化、乡村文化和家庭文化,推进移风易俗,抵制陋风陋习,打击恶劣行为。组织振兴要求充分发挥村民自治作用,通过强化基层组织尤其是村民组织建设,不断创新组织方式,畅通村民诉求表达通道,营造邻里互帮、村民互助、和谐发展的组织氛围,实现村民自治组织的良性运转。推进乡村振兴,引导广大农民在实现个人自由和全面发展的同时接受集体主义教育,是时代的要求。只有坚持把集体主义教育作为农村精神文明建设的重要内容,创造性地开展工作,才能最大限度地把农村群众团结起来。

而集体股的设置能够增强村民的集体意识,在集体股的行使以及运行当中吸引村民的参与,把广大农民更紧密地联系在一起,让大家发挥集体的智慧进行治理和经营,同时,可以解决发展中可能出现的问题,如因人口变动导致成员结构变化时,可以拿出一部分股份分配给新增成员,有利于化解矛盾。

三、集体股的实践做法

(一)是否设置集体股

目前,在是否应该设置集体股这个问题上,学界和实践中都存在较大争议。

在实践中,各省市设置集体股的农村集体经济组织不在少数(见表1)。其中不乏被农业农村部树立为改革典型的黑龙江省方正县、福建省晋江市、天津市滨海新区等。

表1 部分地方设置集体股的做法

地区	集体股设置比例	持有主体	分红用途
黑龙江省方正县	不高于30%	—	村级基础设施建设、公益事业开支、化解村级债务
广东省深圳市	由人民政府规定	村集体资产管理委员会	促进公司发展、完善社区基础设施、提升社区市容环境质量、支持社区建设和公益事业发展、救助社区困难群体、为合作股股东缴纳社会保险费等
天津市滨海新区	不高于5%	—	—
福建省晋江市	30%左右	—	—
上海市七宝镇九星村	34%	村委会	村民的社会保障及公益事业
北京市丰台区卢沟桥乡	20%	集体资产管理委员会	村公益事业开支

广东省东莞市区别不同地区的经济发展水平采取不同的股权设置模式,有的只设集体股,有的只设个人股。在有经营性净资产、集体收入能维持社区行政管理费用和公益性开支、集体收入有一定盈余的村组,实行资产固化量化的模式,根据清产核资测算结果,将集体经营性净资产按一定比例划分为集体股和个人股,并将个人股部分折股量化固定到人。在无经营性净资产或集体收入不能维持社区行政管理费用和公益性开支的村组,则实行先固化但暂不量化的模式,先进行股东资格界定,只设置集体股,待集体经济状况改善后再划分个人股并明确股值。

集体股是否设置取决于集体经济组织经济能力及为成员提供公共服务的不可替代性,其应与我国经济发展阶段相适应。北京市、上海市、广东省的一些农村集体经济组织保留了一定比例的集体股,用于集体经济组织扩大再生产和集体管理费用、公益事业费用等一些必要的社会性支出,这种做法在产权制度改革初期,其他条件还不成熟时,是适当的。浙江省和重庆市的两个村尊重群众意见,从一开始改制就不设集体股,这种做法也是因地制宜,无可厚非的。对农民已经全部转为城镇居民、集体土地已经转为国有土地、集体中的成年人已经享有城镇居民社会保障、没有历史遗留问题的集体经济组织,可以不设置集体股。

(二)集体股的形成

我国《公司法》规定股东可以用货币出资,也可以用实物、知识产权、土地使用权等可以用货币估价并可以依法转让的非货币财产作价出资。集体股在实践中也有货币和非货币两种出资形式。

部分经济上较为宽裕的,资金多、资源少,有一定积累的城中村、城郊村,使用集体经济组织积累的现金财富进行出资,实现资金变股金,让集体和股民获得更多财产性收益。据统计,截至2017年年底,全国村级集体经济组织账面资产总额为3.44万亿元,流动资产达到1.53万亿元,占44.6%,其中,货币资金占到49%,为0.75万亿元,村均133万元。[1] 可见,利用村集体资金入股既切实可行又优化了资源配置。另外,国家扶贫资金入股也成了普遍做法。扶贫资金入股,不仅能够避免资金使用分散,避免挥霍的现象,还能切实起到扶贫的作用,把钱花在刀刃上,最大化的发挥扶贫资金的

---

〔1〕 参见《2017年农村集体经济组织资产情况》,载中国农村网:http://journal.crnews.net/ncjygl/2018n/d10q/bqch/107643_20181106111822.html,最后访问日期:2020年1月4日。

功效。除此之外，非货币出资形式的探索也是层出不穷。针对集体资源多、资金少的村，利用集体土地、自然风光等要素入股也是可行的。例如，贵州省六盘水市在探索农村“三变”改革中形成了以土地承包经营权、林权、闲置房屋、知识产权、机器设备、管理才能、手工艺技艺等多种出资入股的形式，[1]为其他地区的“三变”改革提供了可移植的参考。

（三）集体股的主体

农村集体资产是属于集体所有的资产，并不是单个农民所有。这种财产又不可实际分割为每一个成员所有。然而，集体资产股份权是集体成员实现集体所有权利益的一种法定方式，但这并不表明集体资产被集体成员的按份共有，集体成员也并不能对其进行实际支配。由此，农村集体资产的股份权主体不可避免地成了一个重点问题。

从目前的实践来看，集体股的持有主体主要有集体经济组织、村民委员会、集体资产管理委员会三类。若由集体经济组织持有，由于企业不能自己持有自己企业的股份，就必然需要对持有人进一步细化，在实践中，有由股东代表大会持有的做法，但股东代表大会只是企业的权力机关，并不具有持有企业股份的条件，故这种做法是缺乏理论支撑的，如果由个别股东来持有集体股以及行使集体股的职责也会带来许多隐患。股东持有自己本身的股份再加上集体股之后，股份比例大大增加，在集体经济组织决策过程中无法避免地起到主导作用，对决策产生重大影响。而由村民委员会持有集体股虽然也有法可依，但由于法律对集体经济组织和村委会都赋予了对集体资产的管理权，因此，出现了矛盾和模糊的地带，导致了集体经济组织和村委会的职权交叉。同时也违背了“政经分离”的理念，可能会出现利用公共资源去从事营利性事业，甚至运用公共权力侵犯村民合法权益的风险。集体资产管理委员会虽然不存在上述问题，却使农村基层组织变得烦琐复杂。

综上，考虑集体股持有主体需要商业化、专业化，关心集体经济组织的利益分配并承担风险，同时“委托代理”链条也不宜太多的情况，[2]目前，集体股由集体资产管理

---

[1] 参见《贵州省六盘水市：推进“三变”改革形成十二种股权形式》，载吾谷新闻网：http://news.wugu.com.cn/article/1331789.html，最后访问日期：2020年1月4日。

[2] 参见徐晓松等：《国有股权行使和监督法律制度研究》，北京大学出版社2016年版，第77～78页。

委员会持有最为妥当。

（四）集体股的内容

依据《物权法》的规定，占有、使用、收益、处分是农村集体资产所有权的基本权利类型。集体资产是一个集体所有的财产整体，不可分割，占有、使用和处分集体财产，是社员代表大会投票表决决议而不是成员个人凭借股权决定的。股权虽然不是对集体财产的所有权，却是对股份的所有权，包括对股份的转让、继承、抵押等。故对农村集体资产的占有、收益、有偿退出及抵押、担保、继承是农村集体资产股份权的内容，源于农村集体资产所有权的占有、使用、收益以及处分等方面的权能。通过集体资产折股量化得到的股权包含完整的财产性收益权，因为股权数额是集体经济组织成员参与集体资产收益分配的依据；但是，对集体资产占有、使用和处分的权利，更多是通过行使股权的非财产性权利如选举权、表决权、监督权等实现的。在实践中，赋予农民对集体资产的股份权，也就是要通过赋予农民切实的股份权利，进而实现农民对所占有股份相对应的集体资产收益；通过农民集体资产股份的回购，以实现集体资产股权的有偿退出；通过赋予农民对集体资产股份抵押、担保、继承的权利，切实落实和实现农民的集体收益权。

（五）集体股的退出

关于集体股的退出机制目前并无制度约束，只能基于成员个人股的规定进行探索。《上海市农村集体资产监督管理条例》明确规定：农村集体资产份额可以在本集体经济组织成员之间转让、赠与，也可以由本集体经济组织赎回，但不得向本集体经济组织成员以外的人员转让、赠与。北京市大兴区较早对有偿退出作出规定，明确退出主要有股东个人内部转让和集体赎回两种方式。与上海市闵行区、北京市大兴区等试验区相同，浙江省德清县股权退出的方式分为集体回购和内部转让两种。德清县既对股权转让方作了规定又对村集体经济组织进行了规定。[1] 规定股权转让方必须有固定住所、稳定收入并办理社保，同时规定村集体经济组织流动资金占总资产10%以上，且近3年经营性收入年均增幅达5%以上时才可开展集体赎回。

由此，若将集体股全部转让给个别股东极有可能会突破持股上限，除非集体股的

---

〔1〕 参见方志权、蔡蔚：《农村集体资产股份有偿退出与继承的理论研究和地方探索》，载《上海农村经济》2018年第4期。

占股比例很低,同时也难有股东能足额支付全部集体股金额,故需要寻找多位有受让意向的股东以降低集体股转让的风险和避免突破持股比例的情形,或者制定另外的规则来协助集体股的转让。集体经济组织赎回这个规定类似公司制度中公司回购股份。鉴于在实践中尚没有村集体开展过集体股的赎回,没有案例可供参考,故可以结合我国国有法人股的回购实例进行探索,在具体赎回的股份价值如何确定、赎回所需资金如何解决、赎回之后股份怎么处理等问题上都可以为集体股的赎回制度提供参考。同时,集体股通过集体组织赎回实现退出的优势在于不会突破各集体经济组织关于个人股股东持股比例上限的规定,缺点在于用于股份回购的现金支出数额较大,可能会给集体经济组织带来一定的财务风险。

四、集体股的实践困境

(一)集体股的立法供给缺位

目前,针对农村“三变”改革,只有改革文件和地方政府文件中提到具体做法或要求,而现行法律中缺乏明文的规定。集体股是传统股份制理论在农村改革实践中的制度拓展和理论创新。股份制在农村“三变”改革中的有效运用,必须要在实践探索中同步发展和创新股份制理论,使其更好服务于实践。然而,我国目前集体股的立法供给缺乏,与农村“三变”改革实践之间并未形成较好的融合,不仅集体股相关制度尚未建构,集体股的内涵、性质、内容、救济等相关规定也找不到明确的法律依据,只能依据《公司法》中股权的相关规定再结合政策文件对个人股的规定进行实践探索,导致农村集体在改革实践中遇到了不少困难。

例如,对集体股的主体,《山东省农村集体资产管理条例》规定:集体经济组织是集体资产管理的主体,对其所有的集体资产依法享有经营、管理权;关于集体股的转让和退出,《闵行区村集体经济组织股权管理暂行办法》规定:村集体经济组织章程中对有偿退出要有明确规定,经上一级集资委批准,方可实行股权有偿退出。有偿退出的程序,本人提出申请,经成员代表会议讨论通过实行股权有偿退出的,由集体经济组织按上年度末审计的账面净资产进行计退。《上海市农村集体资产监督管理条例》第 2 章第 11 条规定:农村集体资产份额可以在本集体经济组织成员之间转让、赠与,也可以由本集体经济组织赎回,但不得向本集体经济组织成员以外的人员转让、赠与。通过份额量化或者转让、赠与、继承等方式持有农村集体资产份额的,持有的总份额不得超过农村集体经济组织章程规定的上限。至于其他关于集体股的出资、内容、类型以及救济等方面均没有明确规定对此加以规制。

（二）集体股的社会重视不够

改革初期,由于认识不到位、政策不明朗,少数地方政府认为若不留集体股,担心被人质疑还是不是发展集体经济,担心改革方向出问题。因此不少地方市县党委政府决定,集体资产折股量化时要留集体股,而且比例还不低,一般在30%左右,多的达60%～70%。成都市温江区、江苏省邳州市的一些村党支部书记认为,汲取过去的经验教训,产权改革不能再留集体股,如果仍留集体股,个别干部会惦记怎么使用方便一些,而有的农民会担心干部侵占自己应有的部分。由此导致基层干部与农民群众之间的误解,产生新的矛盾。他们认为,解决这个问题的最好的办法就是不留集体股。在实践中,也有部分农民认为留"集体股"没道理,不同意留所谓的集体股。[1] 上述无论是因为怕被质疑集体经济性质而设置集体股还是担心领导干部侵占而不设置集体股,都是由于对集体股认识不够准确而产生的误解。由此,只有社会公众、广大农民以及人民政府重视集体股,对集体股的性质、作用有了正确认识才能发挥出集体股的优势功能,减少农村干部和农民之间的矛盾,促进农村改革。

社会对集体股的重视不够还体现在目前农村集体产权交易市场建设滞后、发育不完善方面,突出表现在市场交易的场所较少、收集积累的历史数据匮乏、及时有效的分析评价不足,不利于公开、公平、公正、规范地开展农村集体产权交易。[2]

（三）集体股的理论支撑不够

学界关于集体股的研究大都集中在是否设置的问题上,而对集体股的后续运作以及行使没有进行深入探索。认为应该设置的原因在于:集体股符合现有"谁出资谁持股"的股权理论,体现集体所有的性质,同时又能为村民社会保障、村集体公共事业建设提供资金支持。多数学者不赞同设置集体股,如方志平、张晓、山苑鹏等,他们认为大部分地方不设置集体股,主要是因为集体资产产权改革的目的就是将集体资产落实到集体成员手中,增加农民的成员权收益,设置集体股不符合本次产权改革的目的。

---

〔1〕 参见黄延信:《让集体经济组织成员民主决定资产股权设置》,载《农村工作通讯》2018年第12期。

〔2〕 参见王恩民:《关于农村集体产权制度改革几个问题的思考》,载《农业经济》2016年第12期。

再者，如果保留集体股，随着农村集体经济的发展，集体收益不断积累，集体股的收益会逐渐增加，会再次出现集体股权权属关系不清晰的情况，有违股改的初衷，导致集体股在集体经济组织变更或重组时还将面临再分配、再确权的问题，容易产生新的矛盾。[1] 基于上述学者对集体股利弊的分析，学界更多地把研究重心放在了个人股上，而忽视了集体股的作用，导致集体股没有得到足够的重视，也就发挥不了它应有的作用。

（四）集体股的法律救济滞后

目前，我国关于集体资产保护的制度规范十分简略。比如，《物权法》第 63 条规定：集体所有的财产受法律保护，禁止任何单位和个人侵占、哄抢、私分、破坏。集体经济组织、村民委员会或者其负责人作出的决定侵害集体成员合法权益的，受侵害的集体成员可以请求人民法院予以撤销。各地区的集体资产管理条例中关于法律责任的描述也多是原则性规定，既没有责任构成要件的详细描述，也没有责任实现方式和具体标准的计算依据，更缺乏责任追究的相关程序。这就给农民成员维护自身权益以及人民法院解决纠纷带来了许多难题。

在实践中，出现了个别村委会、村主任村支书等村干部侵害集体利益的案例。有的是以集体所有土地入股，因公司上市需要，政府私自将集体土地转为国有土地；[2] 有的是村委会主任用集体土地出资设立了村办企业，土地登记到企业名下，后私自将股权全部转让，导致企业不再是村办企业，登记在企业名下的土地也不再属于村集体；[3] 有的是村主任不按程序召开村民大会，而是经过村组干部协商，将其认为是个人所投资的债权及劳动报酬转化为公司股权，为自己谋取私利，导致村民上访和提起诉讼。[4]

可见，在集体资产纠纷中，诉讼主体大多涉及村集体经济组织、人民政府、集体经济组织成员，而谁可以提起诉讼，以谁为被告以及提起哪类诉讼都对纠纷的解决以及

---

〔1〕 参见赵新龙、杜田华：《农村集体资产股份制改革中股权设置的实践及其完善》，载《荆楚理工学院学报》2018 年第 3 期。

〔2〕 参见甘肃省高级人民法院〔2017〕甘行终 74 号行政裁定书。

〔3〕 参见海南省高级人民法院〔2018〕琼民终 75 号民事判决书。

〔4〕 参见贵州省黔南布依族苗族自治州中级人民法院〔2017〕黔 27 民初 49 号民事判决书。

权益的维护产生重大影响，集体资产的法律救济滞后可能会导致广大农民救济无门的现象出现。此外，农村集体的产权交易纠纷较多并且难以调处。由于信息不对称、产权不稳定，加之外部客观因素的影响，常常造成合同条款、流转价格不合理，导致协议不能正常履行或出现纠纷。而一旦发生纠纷后，由于影响农业生产经营的环境因素和条件限制较多，很难逐一写到合同文本当中，对违约双方的调处、执行和救济则非常困难。

五、集体股的制度回应

（一）推进集体股的立法设计

针对集体股立法供给缺位的现状，可以从以下几个方面加以考虑。首先，明确关于农村“三变”改革中集体股的定性，即需要考虑集体股的来源尤其是可以作价入股的集体资产的范围与限制，立足集体股的功能指向，进而明确集体股的法律性质。[1] 其次，关于农村“三变”改革中集体股的权利主体。考虑集体股是由集体资产投入所形成，因而集体股需以对集体资产的正当行使为基点，坚持集体股的集体性质，以集体资产管理委员会为主要行使主体，以集体经济组织和村民委员会为辅助。最后，集体股权利运行的重点在于明确集体股权利主体的权利内容和集体股的转让、退出制度，以实现集体股在资本市场上的可持续发展，最大化地发挥其功效。同时，应当尽快出台农村集体产权制度改革指导意见。由于各地在股权设置和管理的关键环节上存在操作困境，迫切需要国家层面在加强立法研究的同时，出台关于深入推进农村集体产权制度改革的指导意见，在关键环节提出方向性、原则性甚至是可操作性的意见。

（二）强化集体股的法律救济

首先，人民法院可以通过出台指导意见或典型案例等方式为此类纠纷的解决提供参考。随着农村“三变”改革以及其他一系列农村改革战略的推进，关于集体资产的纠纷难免越来越普遍，尽早地出台相关文件，不仅能为广大农民朋友提供参考，同时还能节省司法资源，提高解决纠纷的效率。其次，可以在农村集体经济组织内部建立起有针对性的法律咨询平台，由专业人员对广大农民的疑问进行解答，以加大有效解决纠

---

〔1〕 参见杨青贵：《精准扶贫背景下资产收益扶贫的现实表达与制度回应》，载《西北农林科技大学学报》（社会科学版）2018年第2期。

纷的可能。同时,多开展普法宣传活动,让广大农民对法律常识多加了解,这样,不仅能在遇到纠纷的时候有针对性地解决,还能增强农民朋友的认同感,在一定程度上缩小城乡居民的差距。

（三）完善集体股的发展支持

在财政支持方面,加大农村的补贴力度,并划分区域,对重点农作区加大补贴幅度,因此部分的资金入股以开展农村集体经济组织的生产经营,有了初始投入,营利之后的收益又继续投入到集体经济组织的建设和经营,集体经济组织的持续发展就能够得到保障。

在税收支持方面,财政部、国家税务总局联合下发《关于支持农村集体产权制度改革有关税收政策的通知》,指出今后宅基地、集体土地确权一律免税。其中,对进行股份合作制改革后的农村集体经济组织承受原集体经济组织的土地、房屋权属,免征契税;对农村集体经济组织以及代行集体经济组织职能的村民委员会、村民小组进行清产核资收回集体资产而承受土地、房屋权属,免征契税;对因农村集体经济组织以及代行集体经济组织职能的村民委员会、村民小组进行清产核资收回集体资产而签订的产权转移书据,免征印花税;此项改革在很大程度上减轻了农村集体经济组织的税收负担,为农村“三变”改革提供了有力的支持。

在人才支持方面,可以采取奖励方案,调动和鼓励高校的大学生,技术型人才,有能力的领导干部等去农村带领大家,指导大家如何发展,这样不仅能调动农民的积极性,还能增加农民对国家的信任。

在制度支持方面,应当允许股权流转,建立统一股权交易市场。只有这样,才能推动农村集体经济向现代化发展。与此同时,要完善体制机制,发挥政府作用,维护农村集体产权交易双方的合法权益,防止违规交易行为,加强产权交易监督制度建设,优先在条件具备、需求旺盛的地区开展农村产权交易市场建设,引导农村各类产权进场交易。只有完善了集体股的流转和退出,才能最大限度地盘活和发挥集体资产的作用,助推农村改革的实现。

六、结论

虽然集体股在产权制度改革中饱受争议,但其也具有它独特的优势。同时,从实践中对它的种种探索也能看出集体股在改革中是切实可行的，虽然目前仍然存在立法供给缺位、法律救济滞后等问题，但通过后期对制度的补充，建立起完善的集体股制度，不失为一种良好的改革思路，更是对农村“三变”改革作出了回应。随着农村改革的不断推进，集体股制度也将会最大化地发挥出它的优势作用，为农村改革助力。

图书在版编目(CIP)数据

乡村振兴法治保障研究 / 卢代富主编. -- 北京 : 法律出版社, 2020
(中国农村法治论坛 ; 第7卷)
ISBN 978-7-5197-4620-9

Ⅰ. ①乡… Ⅱ. ①卢… Ⅲ. ①农村-法治-研究-中国 Ⅳ. ①D920.0

中国版本图书馆CIP数据核字(2020)第095131号

乡村振兴法治保障研究
XIANGCUN ZHENXING FAZHI BAOZHANG YANJIU

卢代富 主编

策划编辑 陈 妮
责任编辑 陈 妮 黄 筝
装帧设计 汪奇峰

出版 法律出版社
总发行 中国法律图书有限公司
经销 新华书店
印刷 北京虎彩文化传播有限公司
责任校对 周合芝
责任印制 吕亚莉

编辑统筹 法治与经济出版分社
开本 787毫米×1092毫米 1/16
印张 12.25
字数 210千
版本 2020年6月第1版
印次 2020年6月第1次印刷

法律出版社/北京市丰台区莲花池西里7号(100073)
网址/www.lawpress.com.cn
投稿邮箱/info@lawpress.com.cn
举报维权邮箱/jbwq@lawpress.com.cn
销售热线/400-660-8393
咨询电话/010-63939796

中国法律图书有限公司/北京市丰台区莲花池西里7号(100073)
全国各地中法图分、子公司销售电话:
统一销售客服/400-660-8393/6393
第一法律书店/010-83938432/8433
西安分公司/029-85330678
重庆分公司/023-67453036
上海分公司/021-62071639/1636
深圳分公司/0755-83072995

书号:ISBN 978-7-5197-4620-9
定价:68.00元
(如有缺页或倒装,中国法律图书有限公司负责退换)